说教管教
不如因材施教

张丛　　著

中国纺织出版社有限公司

图书在版编目（CIP）数据

说教管教不如因材施教 / 张丛著 . -- 北京：中国纺织出版社有限公司, 2025. 5. —ISBN 978-7-5229-2751-0

Ⅰ . G422

中国国家版本馆 CIP 数据核字第 2025U6X623 号

责任编辑：刘桐妍　　责任校对：李泽巾　　责任印制：储志伟

中国纺织出版社有限公司出版发行

地址：北京市朝阳区百子湾东里 A407 号楼　邮政编码：100124

销售电话：010—67004422　传真：010—87155801

http://www.c-textilep.com

中国纺织出版社天猫旗舰店

官方微博 http://weibo.com/2119887771

山东博雅彩印有限公司印刷　各地新华书店经销

2025 年 5 月第 1 版第 1 次印刷

开本：880 × 1230　1/32　印张：6

字数：125 千字　定价：59.80 元

序

告别说教牢笼，唤醒生命潜能

古希腊哲学家苏格拉底曾说过："教育的本质是点燃火焰，而非灌满容器。"当越来越多的父母陷入"说教—反抗"的恶性循环时，我们需要重新思考：为什么那些饱含爱意的叮嘱，最终却成了孩子眼中的枷锁？为什么精心设计的管教，反而让孩子失去了自我驱动的动力？

每个孩子呱呱坠地时，都带着对世界最本真的好奇与探索。然而在现实中，无数父母却在以"为你好"的名义，将孩子禁锢在说教与管教的牢笼中。

当"你应该这样做"成为口头禅，孩子的大脑会逐渐形成"外界指令依赖"，丧失独立思考的能力。

强硬的规则看似高效，实则在压制孩子的生命力，让他们在"听话"与"叛逆"的两极间挣扎。

当沟通变成单方面的灌输，爱的联结就会被不断消耗，最终演变成 "你说你的，我做我的"的对抗模式。

这些教育误区也是儿童发展规律的认知盲区。

本书以儿童心理学和脑科学为基础，通过真实案例揭示：每个孩子都是独特的生命体，只有因材施教才能释放他们的潜能。

因材施教不是简单的"差异化对待"，而是建立在科学认知基础上的系统工程。家长要看见孩子的独特性，从气质类型到兴趣倾向，从学习风格到思维模式。其实，每个维度都藏着打开孩子心门的钥匙。当孩子感受到被尊重与理解，他们会从"要我学"转变为"我要学"，这种内在动力才是持续成长的关键。

本书提供的不是抽象理论，而是可操作的解决方案：通过四大气质类型分析，帮助父母理解孩子行为背后的心理机制，从而采取针对性策略；兴趣激活方法论是从阅读、运动到科学探索，为不同兴趣类型的孩子设计专属培养方案；学习风格适配指南中，针对听觉主导型、视觉主导型等不同学习模式，为孩子提供个性化的学习支持策略。

因材施教的关键，在于父母能否放下“全能教育者”的身段，从权威到伙伴，以平等的姿态与孩子对话，让家庭教育从“居高临下”变为“并肩前行”。父母要从控制到信任，给予孩子试错的空间，用“你愿意尝试哪些方法？”代替“你必须这样做”。

教育是一场温暖的遇见，是父母与孩子共同完成的生命诗篇。本书不是颠覆传统教育的宣言，而是提供另一种可能：当我们根据孩子的实际情况因材施教，并学会用孩子的视角看世界，用科学的方法引导成长，每个生命都能绽放独特的光彩。

张 丛

2025 年 4 月 20 日

目录

第三章　气质类型不同，因材施教的教养方式有别

第四章　兴趣不同，因材施教的教养方式有别

第五章　学习风格不同，因材施教的教养方式有别

第六章 教育场景不同，因材施教的教养方式有别

第七章 因材施教，提供多元化学习资源和机会

第一章

说教和管教，正在毁掉一个孩子

你说教越多，孩子越反感、越叛逆

在孩子的成长过程中，许多家长都秉持着“为你好”的理念，对孩子展开频繁的说教。然而，家长们往往忽略了一个事实，那就是：过度的说教不仅无法达到预期的教育效果，反而容易让孩子产生抵触情绪。当家长喋喋不休说教时，孩子或许表面上点头称是，内心却早已筑起一道高墙，对家长的话完全不当一回事。同时，过度说教还会削弱孩子的自主思考能力，让孩子习惯于听从家长的指令，而不再主动去探索和判断事情的对错。

小宇曾经是个很听话的孩子。以前，无论妈妈跟他说什么，他都会认真听着，还会努力按照妈妈的要求去做。可是不知道从什么时候开始，这种情况却发生了变化。

前几天，小宇数学考试没考好，平时成绩都是95分以上，而这次只考了86分，妈妈心里着急，看到分数后忍不住对他说：“怎么考了这个分数？最近是不是学习不认真了？上课有没有好好听讲？你这样下去可不行，以后怎么考好学校……”还没等妈妈说完，小宇突然不耐烦地回了一句：“你别说了，唠唠叨叨的，我知道了！”然后就摔门进了自己房间。

从那以后，只要妈妈对某件事情说得太多，小宇就满脸不耐烦，甚至跟妈妈顶嘴，不仅如此，妈妈还感觉小宇会有意识跟她作对：“我让他多花时间学习，他偏要去玩游戏；我让他早点睡觉，他就磨磨蹭蹭拖到很晚。最近，我这才意识到：自己的过度说教已经让孩子和我之间产生了深深的隔阂。”

案例中的妈妈是典型的单向说教式教育，这种教育方法极易引发孩子的抵触情绪。12—18 岁是孩子建立自我同一性的重要时期，哈佛大学研究显示，此阶段孩子前额叶皮质尚未发育成熟，情绪反应比成年人强烈 300%，他们迫切渴望确认“我是独立个体”的认知。所以，家长一旦过度说教，孩子大脑里的杏仁核便会迅速启动防御机制，导致孩子对说教内容产生“左耳进右耳出”的结果。

教育的本质是关系建设。据脑科学研究：亲子关系满意度每提升 1 分，教育有效性就会相应提升 7 倍。所以，家长与其纠结“怎样说教才对”，不如先思考“怎样倾听更好”。当你与孩子建立安全的情感联结后，你会发现那些准备好的道理，会以意想不到的方式自然流淌进孩子心里。

行动起来

别再执着于说教了，3F 倾听法才是亲子关系的“润滑剂”，也是应对教养困境的可靠工具，家长们可以试一试：

复述事实（fact）：“你最近三天作业都写到 11 点。”

确认感受（feeling）：“你看起来有点伤心。”

发现需求（focus）：“你是不是需要调整学习节奏？”

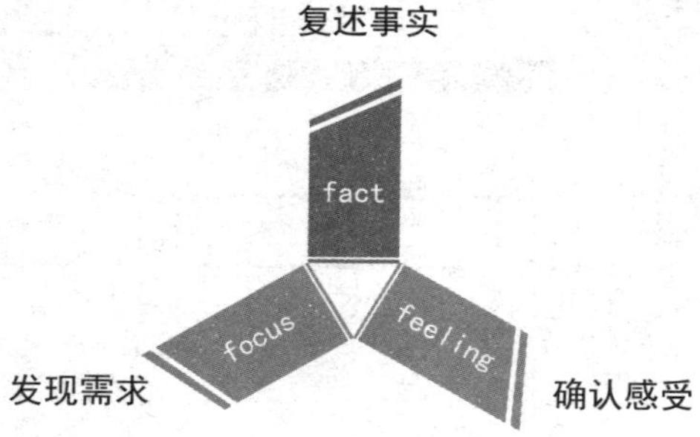

1. 复述事实（fact）

3F 倾听法的第一步是复述事实，当我们运用这一步骤时，需要精准地将所观察到的客观情况反馈给孩子，没有任何主观的评判或猜测，仅仅是把看到的事实呈现出来。这样做能让孩子知道：家长是在认真关注他们的行为，而不是挑他们的问题，以此建立起信任的基础。

话术示例

“你最近三天作业都写到 11 点。”

“你两天没有刷牙了。”

“距离上床睡觉的时间还有 10 分钟。”

2. 确认感受（feeling）

这一步要求我们敏锐地捕捉孩子的情绪状态，并以询问的方式加以确认。当孩子听到这样的询问，会感受到自己的情绪被看见、被接纳。因为很多时候，人们在遇到困扰时，最渴望的就是他人能理解自己的感受。孩子的情绪只有得到父母的认可，他们才更愿意敞开心扉，跟父母进一步交流。

话术示例

“你看起来有点烦躁。”
“你是不是很伤心？”
“这件事是不是让你感到很委屈？”

3. 发现需求（focus）

在前两步的铺垫下，我们可以更深入地探寻孩子内心真正的需求，巧妙利用提问引导孩子思考解决问题的方向。提问的内容要表明我们不仅关心事情本身和孩子的感受，还积极地想要帮助他们找到解决办法。

话术示例

“宝贝，咱们是不是需要调整学习节奏？”
“孩子，你看需不需要再买一本练习册？”

3F 倾听法看似简单，却非常实用。通过复述事实、确认感受、发现需求这三个步骤，父母能够与孩子建立起深度的联结，更好地理解孩子，进而提升沟通质量，高效地解决问题。

孩子没有自主思考能力，就是你说得太多

在教育孩子的漫漫长路上，众多家长常常陷入一个难以察觉的误区：过度依赖说教与管教。家长误以为反复的叮嘱和严格的约束就是培养孩子的金科玉律，然而，事实却往往背道而驰。当我们口若悬河地向孩子灌输各种道理，强制要求孩子遵循我们设定的轨迹前行时，或许未曾意识到，我们正在悄然剥夺孩子自主思考的能力。

孩子如同稚嫩的幼苗，有着各自独特的生长节奏和方式。说教式的教育，就像不顾植物特性，一味地大水漫灌，看似给予了充足的滋养，实则可能淹没了它们原本蓬勃生长的根系。每个孩子都有自己的思维模式和兴趣倾向，当我们总是把自己的想法强加给他们，替他们做决定、规划一切，孩子就逐渐习惯了听从指令，失去了主动探索和思考的动力。他们如同被牵着线的木偶，看似在前行，却没有找到真正属于自己的方向。

每天清晨，妈妈一边帮轩轩准备上学用品，一边不停叮嘱：“在学校得听老师的话，上课认真听讲，别和同学打闹。”晚上检查作业，发现一点错误我就不停地提醒他：“你怎么这么粗心，这题都能做错，到底有没有用心？”周末也把他的日程安排得满满当当，送他去各种兴趣班。

起初，轩轩还乖乖点头照做。可渐渐地，他变得沉默寡言，对许多事都提不起兴趣。做作业时心不在焉，遇到稍有难度的题目，就直接放弃说不会。在学校也很少主动参与班级活动，总是跟在别人后头。

有一回，学校组织亲子手工活动，要求家长和孩子共同完成一个

手工作品。妈妈满心期待能和轩轩好好合作，展示创意。可整个过程中，轩轩几乎什么都不做，就在旁边看着我忙活。妈妈让他帮忙递工具，他也是机械地照做，毫无自己的想法。最后虽然完成了作品，可妈妈心里却一点也高兴不起来。

那一刻，妈妈开始反思自己的教育方式，是不是自己说得太多、做得太多，让轩轩没了自主思考和动手的能力？她意识到，一直以来所谓的“为你好”，或许只是一厢情愿，反而忽略了轩轩内心真正的需求。

从那以后，妈妈不再总对轩轩说教，而是试着倾听他的想法。他遇到问题时，不再直接给答案，而是通过提问引导他自己思考。慢慢地，轩轩有了很大转变。他变得开朗起来，对学习和生活充满热情，在学校也结交了不少好朋友。

家长的过度说教与管教确实会像脚手架一样困住孩子的思维成长，这种现象在心理学中被称为“习得性思维依赖”。要解开这个死结，可以巧妙利用提问开启孩子的思维之门，引导孩子深入思考，激发他们的好奇心与探索欲，从而提升自主思考能力。

行动起来

1．利用开放性问题，拓展思维边界

开放性问题没有固定答案，能让孩子充分发挥想象力，从不同角度思考问题。这种提问打破了单一思维模式，促使孩子调动生活经验，思考各种可能性，培养其创新思维与发散性思维。

话术示例

“我们要去公园玩，你觉得可以准备些什么有趣的东西呢？”
“这个暑假我们要去哪里旅行呢？”

2. 利用假设性问题，激发深度思考

假设性问题能让孩子跳出常规，探索未知情境下的应对策略，通常孩子需要综合考虑多方面因素才能回答。这类问题可以激发孩子对复杂问题进行深度思考，锻炼逻辑推理与分析能力。

话术示例

“如果有一天地球上的水都消失了，你觉得会发生什么？”
“假如你去 NBA 打比赛，你想加入哪个球队？”

3. 利用引导性追问，深化思考层次

当孩子表达观点时，家长可以通过引导性追问，让孩子进一步阐述理由。这样的问题可以促使孩子深入思考，将模糊的感受转化为清晰的过程。而且通过不断追问，孩子对事物的理解也更透彻，表达也更加有条理。

话术示例

“你为什么喜欢这本书呢？是里面的角色、情节，还是其他方面吸引你？”
“你喜欢电影《哪吒》里边的哪个角色？为什么呢？”

4. 利用对比性问题，培养批判性思维

家长可以提出对比性问题，让孩子在比较中发现差异，做出判断。这种问题能够培养孩子的批判性思维，使其学会客观评价事物，不盲目接受观点。

话术示例

“你看这两本故事书，它们的结局有什么不同？你更喜欢哪个结局，为什么？”

“女娲和伏羲都是经典神话人物，你觉得他们有什么相同点和不同点呢？你更喜欢哪个人物？为什么？”

5. 利用生活情境问题，学以致用

家长可以结合生活实际设置问题，让孩子运用所学知识解决现实问题，这不仅能够提升孩子的自主思考能力，还能增强他们将知识应用于生活的能力，深刻体会到学习的乐趣。

话术示例

“你知道怎么判断水龙头漏水的原因吗？我们要怎样解决这个问题？”

“这是你喜欢吃的菠菜，它不能生吃，需要焯水才可以，你知道这是为什么吗？”

毁掉你们亲子关系的，恰恰是说教

在亲子关系的花园里，爱本应是滋养花朵的清泉，可一旦说教成为主导，这清泉便可能变成泛滥的洪水，冲垮亲子间信任与亲密的桥梁。很多家长以为苦口婆心的说教是对孩子的关爱，是指引他们走上正轨的明灯，却没料到，这些反复的唠叨和训诫，正悄然侵蚀着亲子关系的根基。

说教式的沟通，往往是家长单向的输出，孩子只能被动接受。这种沟通模式下，孩子感受不到被尊重，他们的想法和情绪被忽视。长此以往，孩子内心的不满和抵触情绪会不断累积，原本亲密无间的亲子关系，也会渐渐出现裂痕。孩子开始不愿意和家长交流，对家长的话充耳不闻，甚至故意反着来，亲子之间的距离越来越远。

若想修补这被说教破坏的亲子关系，家长需要转换沟通方式，用心去倾听孩子，用爱去理解孩子。

浩浩妈妈一直认为自己是个尽职尽责的家长，一心盼着浩浩能有个美好的未来。以前，浩浩和妈妈的关系极为亲密，母子俩相处得温馨融洽。

然而，自从上小学开始，浩浩母子之间的关系悄然发生了变化，变得越发紧张。每次浩浩写作业拖拉、考试成绩不理想，妈妈便不自觉地开启说教模式。她满脸焦急，言语中难免有些责备和抱怨："你为什么写作业这么拖拉呢？专注力也很差，平日里不踏实学习，上课不认真听讲，考试还粗心大意，怎么可能取得好成绩？以后上高年级可怎么办？"妈妈以为这些苦口婆心的话语能让浩浩意识到问题所在，但事与愿违，浩浩对妈妈的说教愈发反感，渐渐变得叛逆起来。

曾经那个会兴高采烈和妈妈分享学校趣事的孩子不见了，如今的浩浩，不再愿意和妈妈沟通，甚至连日常对话都显得极不耐烦。

很多家长都像浩浩妈妈一样，出于对孩子成长的关切，习惯频繁说教，从日常小事到学业规划，滔滔不绝。可让他们没想到的是：这样的说教与管教恰恰是亲子关系的"隐形杀手"。家长一定要明白：平等交流、尊重理解才是维系亲子关系的良方，少些说教管教，多给孩子一些成长的自由与支持吧！

行动起来

1. 倾听代替说教

当孩子分享事情时，家长要放下手中的事，专注倾听，不打断、不评判，让孩子感受到被尊重。通过倾听，了解孩子的内心想法和需求，建立良好的沟通基础。

话术示例

"宝贝，你慢慢说，爸爸/妈妈在认真听呢，我很想知道你在学校发生了什么。"

"儿子/女儿，关于这件事，我更想听听你的想法，你放心说，我不会批评你的。"

2. 表达理解和共情

家长要站在孩子的角度，感受他们的情绪，表达对他们的理解和支持，让孩子知道家长是和他们站在一起的，增强亲子间的情感连接。

话术示例

“我知道你这次考试没考好心里很难过，换成是我，也会不开心的，我们一起看看怎么提高成绩，好吗？”

“宝贝，我能理解你和同学闹矛盾心里很委屈，要是我遇到这样的事，也会觉得不好受。我们来想想办法解决，好不好？”

3. 用温和的语言沟通

家长要避免使用命令式、指责式的语言，改用温和、商量的语气和孩子交流。让孩子在轻松的氛围中与家长沟通，以减少抵触情绪。

话术示例

“宝贝，你看这样做会不会更好呢？你要是有其他想法，也可以和妈妈/爸爸说说。”

“儿子/女儿，我们一起商量一下，怎么安排今晚的时间，既能完成作业，又能有时间放松，你觉得怎么样？”

4. 给予孩子自主空间

家长要尊重孩子的选择和决定，在合理范围内给予他们一定的自主权，让孩子感受到被信任，培养他们的独立性，同时也能改善亲子关系。

话术示例

“你可以自己决定周末是先完成作业还是先玩一会儿，只要安排好时间就行，我相信你可以的。”

“这次参加兴趣班，你可以按照自己的兴趣来选择，我会支持你的决定。”

5．增加亲子互动活动

家长可以通过和孩子一起参加做游戏、看电影、户外运动等亲子活动，增进亲子间的感情，营造轻松愉快的家庭氛围，让亲子关系在互动中得到修复和提升。

话术示例

“宝贝，周末我们一起去公园骑自行车吧，好久没和你一起出去玩啦，肯定很有意思！”

“今晚我们一起看你喜欢的那部动画片吧，看完我们还可以一起讨论哦。”

不停唠叨说教，无法让孩子形成自我约束

在孩子的成长旅程中，自我约束能力就像方向盘，掌控着他们前行的方向，引导他们在面对诱惑与挑战时，做出正确的选择。然而，许多家长试图通过不停的唠叨说教，为孩子打造这一关键能力，结果却往往事与愿违。

唠叨说教本质上是一种重复性的单向输出，家长反复强调规则与要求，却忽略了孩子内心的感受与想法。孩子在这种环境下，只是被动地接收信息，难以真正理解和认同这些规则，更无法将其转化为内在的自我约束。就像强行把一颗种子按进土里，却不给予合适的土壤、水分和阳光，种子很难生根发芽。长此以往，孩子可能会对家长的唠叨产生厌烦甚至逆反心理，不仅无法形成自我约束，还可能故意打破规则，与家长对着干。

真正要帮助孩子建立自我约束，需要家长转换思路，用更科学、更温暖的方式引导孩子。

悠悠一直是个活泼可爱的孩子，可在自我约束方面，让妈妈操碎了心。每天早上叫她起床上学，就是一场“战争”。妈妈总是早早起来准备好早餐，然后一遍又一遍地去叫她：“悠悠，快起床啦，要迟到啦！再不起就来不及吃早饭了！”可她总是迷迷糊糊地答应着，却半天没有动静。等我再去催，她就不耐烦地说：“知道啦，别喊了！”

写作业的时候也是如此，她一会儿玩橡皮，一会儿摆弄铅笔，根本不专注。妈妈忍不住唠叨：“你能不能专心写作业呀？快点把作业写完再玩不行吗？你这样拖拖拉拉的，什么时候才能完成？”但唠叨

似乎没有起到任何作用，悠悠依旧我行我素，作业常常写到很晚。

有一次周末，妈妈让她先完成作业再出去玩，结果一转身，她就偷偷打开电视看动画片。于是又开始一顿说教：“你怎么又不遵守约定？说了先写作业再玩，你怎么就是不听呢？这样下去怎么能行？”悠悠委屈地哭了起来，说自己总是被管着，她一点都不开心。那一刻，妈妈突然意识到，唠叨说教不仅没有让悠悠学会自我约束，反而让亲子之间的关系变得紧张。

在孩子的成长进程里，自我约束能力的培养极为关键，这不仅是孩子走向自律的基石，更是其迈向独立的关键起始点。单纯依靠说教与管教，并不能真正促使孩子掌握自我约束的本领。身为家长，可从以下多个维度着手，助力孩子逐步习得自我约束的能力。

行动起来

1. 制定清晰规则，给予自主选择

家长可以和孩子一起制定规则，明确什么时间该做什么事，同时在规则框架内给予孩子一定的自主选择权。让孩子参与规则制定，能增强他们的认同感和遵守规则的自觉性。

话术示例

“宝贝，我们一起来制订一个每天的学习和玩耍时间安排表吧，你想先完成作业再玩一个小时，还是中间休息一会儿再接着写作业呢？你来决定。”

“周末我们要安排一些家务活动，你是想周六上午打扫房间，还是周日下午帮忙洗碗呢？你自己选。”

2. 设立目标与奖励机制

家长可以帮助孩子设立明确、可实现的小目标，当孩子达成目标时，给予适当的奖励，强化他们的良好行为。奖励可以是精神上的鼓励，也可以是孩子喜欢的小礼物。

话术示例

“宝贝，如果你这周每天都能按时完成作业，周末我们就一起去吃你最爱吃的冰淇淋，怎么样？”

“要是你今天能自己主动起床，并且快速收拾好书包，晚上就可以多看一集你喜欢的动画片哦。”

3. 以身作则树立榜样

孩子更多是通过观察和模仿来学习，家长要在日常生活中展现出良好的自我约束能力，为孩子树立榜样。

话术示例

“宝贝，你看妈妈每天晚上都会坚持阅读半小时，你要不要也和我一起养成阅读的好习惯呢？”

“爸爸每天都会按时去运动，保持健康的身体，你也可以像爸爸一样，给自己制订一个运动小计划哦。”

4. 引导孩子反思与总结

当孩子违反规则或没有做好某件事时，家长要引导他们反思自己的行为，总结经验教训，而不是一味指责。

话术示例

“宝贝，今天没有按时完成作业，你觉得是什么原因呢？下次我们怎么避免这样的情况发生呢？”

“你看你今天又忘记收拾玩具了，要是下次再这样，玩具可能会找不到哦,我们想想怎么才能记住收拾玩具呢？”

说教和管教，必然损伤孩子内驱力

孩子的内驱力，宛如藏在他们内心深处的一团火焰，是驱使他们主动探索世界、积极学习的核心动力。而父母过度的说教和强硬的管教，就像一场场冰冷的大雨，无情地浇灭这团宝贵的火焰。

当家长频繁地说教时，孩子听到的是千篇一律的大道理，这些道理从外界强行灌输，却难以真正触动孩子的内心。长此以往，孩子会渐渐习惯被动接受指令，而不是主动去思考和探索。至于管教，若方式过于强硬，孩子会觉得自己被束缚，失去了自主选择的权利。他们做事情不再是源于内心的热爱和渴望，而是为了避免惩罚，内驱力就是在这样的环境中逐渐被消磨。

周末还在睡梦中的晓宇，被妈妈高分贝的声音瞬间吵醒："晓宇，都几点了还睡，赶紧起床去背单词，别整天就知道睡懒觉！"晓宇睡眼惺忪，不情愿地从被窝里钻出来，开始洗漱。

早餐时，晓宇刚咬了一口面包，爸爸的声音便在耳边响起："隔壁家的明明哥考上研究生了，而且还是211名校，真不错，你要向人家看齐呀！吃饭别慢吞吞像个女孩子，动作快点，九点钟还得去上课呢。"晓宇默默咽下口中的食物，加快了吃饭的速度。

来到书桌前，晓宇刚打开课本，妈妈又走了进来，眼睛紧紧盯着他："坐直了，别弯腰驼背，学习就得有个学习的样子。还有，周一默写单词，一定要得100分啊，都好几次没得满分了！"晓宇无奈地坐正身子，机械地翻开课本。

长期在这样的说教和管教环境下，晓宇对学习的热情渐渐被消磨殆尽。在学校，课堂上的他总是走神，老师提问时经常一脸茫然。以前，他对科学实验课充满期待，可如今，当老师宣布要做实验时，他也只是无精打采地应付着。

学校组织科技创新大赛，晓宇原本对科技小发明很感兴趣，可一想到要是做得不好，回家又得听父母的唠叨，便果断放弃了报名。他不再主动探索新知识，遇到难题也不再像以前那样绞尽脑汁去解决，而是直接选择跳过。曾经那个充满好奇心、积极向上的晓宇，在父母无休止的说教和管教下，自驱力逐渐消失，变得被动、消极，对任何事情都提不起兴趣。

说教和管教看似是为了孩子好，实则在不知不觉中给孩子的内驱力带来诸多负面影响。家长应意识到这一点，转变教育方式，尊重孩子的自主性，给予他们足够的空间和支持，让孩子的内驱力得以自由生长，为他们的成长注入源源不断的动力。

行动起来

1．尊重孩子的兴趣，给他们选择权

家长要尊重孩子的兴趣和选择，关注孩子真正感兴趣的事物，给予他们自主选择的权利，让他们在喜欢的领域自由探索。

话术示例

“宝贝，我发现你最近对手工很感兴趣，那周末我们一起去买些手工材料，你想做什么都可以，妈妈支持你！”

“这次学校的社团活动，你可以根据自己的喜好来选择参加，不管你选哪个，妈妈都觉得很棒！”

2．给予积极的反馈和鼓励

当孩子取得进步或完成一件事情时，家长要及时给予肯定和鼓励，让他们感受到自己的努力得到了认可。

话术示例

“宝贝，你这次画的这幅画色彩搭配特别漂亮，妈妈能看出来你很用心，继续加油哦！”

“你主动帮忙打扫房间，真的太懂事啦，妈妈为你骄傲！”

3. 设置合理的目标和挑战

家长可以根据孩子的实际情况，为他们设置一些跳一跳就能达到的目标，让孩子在挑战中获得成就感，激发内驱力。

话术示例

“宝贝，你现在跳绳每分钟能跳50个，我们这周的小目标是每分钟跳到70个，你觉得你可以做到吗？妈妈相信你！”

“这次数学考试，你考了80分，我们争取下次提高5分，只要你认真复习，肯定没问题的！”

4. 培养孩子的自主意识

在日常生活中，家长要让孩子参与一些决策，比如安排周末活动等，增强他们的自主意识和责任感。

话术示例

“宝贝，周末我们出去玩，你是想去公园，还是去科技馆呢？你来决定。”

“今晚我们吃什么，你来选菜谱，然后我们一起动手做，好不好？”

5. 分享自己的经历和感受

家长可以适当和孩子分享自己小时候的经历、遇到的困难以及克服困难的过程，让孩子明白挫折是成长的一部分，鼓励他们勇敢面对。

话术示例

“宝贝，妈妈小时候学骑自行车也总是摔倒，但是妈妈没有放弃，后来就学会啦！你学轮滑的时候也是一样，只要坚持，肯定能学好的！”

“我以前读书的时候，也觉得数学很难，但是我通过不断地做练习题、请教老师，最后数学成绩提高了很多。你要是在学习上遇到困难，也不要害怕，我们一起想办法解决。”

生硬、粗暴的管教，可能会让孩子成为你的仇人

在亲子关系的构建中，管教是不可或缺的一环，但管教方式的选择，却如同在悬崖边缘行走，稍有不慎便会坠入深渊。生硬、粗暴的管教方式，就像一把锋利的剑，看似能迅速解决孩子的问题，实则在孩子的心灵上划下一道道难以愈合的伤痕，最终可能斩断亲子间的情感纽带，让孩子从最亲密的人变成最熟悉的“仇人”。

小敏步入小学后，学习成绩成了妈妈关注的焦点。有一回，她数学考试只考了 70 分，看到试卷上密密麻麻的红叉，妈妈的怒火“噌”地一下就冒了上来，对着小敏劈头盖脸一顿指责，小敏低着头，肩膀微微颤抖，小声地抽泣着，一句话也不敢说。

从那之后，小敏对学习越发抵触。每次写作业，她都磨磨蹭蹭，完全没有主动学习的劲头。妈妈看在眼里，急在心里，不是不停地催促，就是忍不住打骂，可结果却事与愿违，情况变得越来越糟糕。

有一次，因为她作业完成得一塌糊涂，又被狠狠地批评了。小敏突然抬起头，眼眶里满是愤怒与委屈，大声冲妈妈喊道：“你就知道骂我，你根本就不爱我！我讨厌你！”那一刻，妈妈整个人都愣住了，怎么也没想到，自己的管教方式竟让小敏充满了怨恨。

孩子的内心世界如同一片纯净的花园，需要爱与理解的阳光雨露来滋养。当家长采用生硬、粗暴的管教时，如大声呵斥、严厉惩罚，孩子感受到的只有恐惧与压抑。这种恐惧会逐渐转化为对家长的抵触和反感，使他们关闭内心的大门，不再愿意与家长沟通交流。

长此以往，亲子之间的隔阂越来越深，曾经亲密无间的关系也变得岌岌可危。

高质量的养育，应当是建立在尊重、信任和沟通的基础上，引导孩子认识错误，培养他们的自律能力，而非单纯地依靠强制手段。

行动起来

1．控制情绪，温和沟通

家长在与孩子交流前，先在心里默数10个数，进行几次深呼吸，让自己的情绪得到充分平复。在表达观点时，家长要避免使用反问句和命令式的口吻，而是以商量的语气展开对话。比如孩子犯错时，不要立刻指责，而是先询问事情的经过，再耐心地指出问题所在，引导孩子思考如何改正。

话术示例

“宝贝，妈妈看到你这次作业有些小错误，我们一起看看怎么改正，好吗？”

“儿子/女儿，妈妈知道你没考好心里也不好受，我们一起分析分析试卷，看看问题出在哪里，下次争取进步。”

2．倾听孩子的心声

当孩子想要表达时，家长要立刻停下手中正在做的事情，将注意力完全集中在孩子身上，与孩子保持眼神交流，并用点头、微笑等方式给予回应，让孩子感受到被关注。不要中途打断孩子，即使不认同孩子的观点，也要等孩子说完后，再表达自己的看法，避免孩子产生被忽视的感觉。

话术示例

“宝贝，你慢慢说，妈妈在认真听，我很想知道你为什么不想写作业。”

“儿子 / 女儿，关于这次考试，你有什么想法都可以告诉妈妈，我不会批评你的。”

3. 正面引导，鼓励为主

家长要善于捕捉孩子的闪光点，无论是孩子在学习上的点滴进步，还是在品德方面的良好表现，都要及时给予肯定。肯定时要具体指出孩子的优点，如 “你今天主动收拾了玩具，把房间整理得这么整齐，这让妈妈轻松了很多，你真的长大了”，让孩子明确知道自己的行为被认可。

话术示例

“宝贝，你今天主动帮妈妈做家务，真的太懂事了，妈妈为你骄傲！”

“你这次作业完成得比上次认真多了，字体也更工整，继续加油哦！”

4. 建立规则，共同遵守

在制定规则时，家长要充分征求孩子的意见，让孩子参与规则的制定，这样孩子会更有认同感和遵守的积极性。规则一旦确定，家长要严格执行，不能因为孩子的哭闹或撒娇就随意更改。同时，家长也要时刻注意自己的行为，为孩子树立遵守规则的榜样。

话术示例

“宝贝，我们一起制定一个玩手机的时间规则吧，你觉得每天玩多长时间合适呢？”

“从今天起，我们每天晚上都一起阅读半小时，爸爸妈妈也会一起遵守哦。”

5. 增加亲子互动

家长可以根据孩子的兴趣爱好，选择合适的亲子活动。比如孩子喜欢运动，就一起去爬山、骑自行车；孩子喜欢艺术，就一起去参观画展、手工制作。在活动过程中，家长要全身心投入，与孩子充分互动，分享彼此的感受和想法，让孩子在轻松愉快的氛围中感受家庭的温暖。

话术示例

“宝贝，周末我们一起去公园放风筝吧，肯定很有趣！”

“周末有你喜欢的舞台剧，想不想去看看？”

第二章

因材施教，释放孩子的无限潜能

解锁多元智能，挖掘孩子隐藏天赋

多元智能理论由美国心理学家霍华德·加德纳提出，他认为人类的智能是多元化而非单一的，包含语言智能、逻辑数学智能、空间智能、身体动觉智能、音乐智能、人际智能、自我认知智能以及自然观察智能。每个孩子都拥有多种智能，只是在不同领域的表现有所差异。

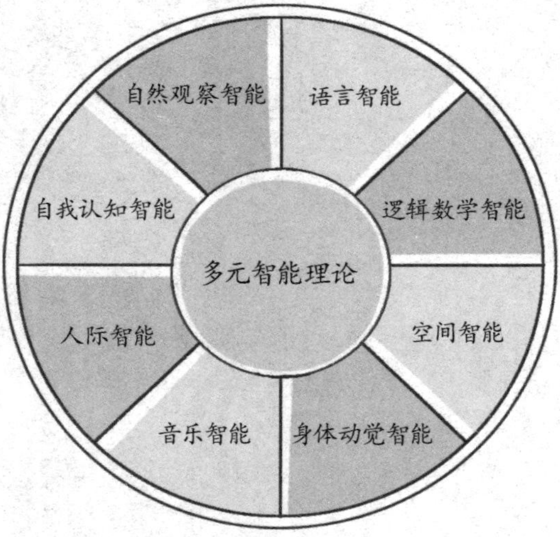

多元智能与家庭养育中的因材施教本质相同，二者都是关注孩子的独特性，让孩子在自己擅长的领域绽放光彩，实现全面且个性化的发展。

发现孩子在不同智能领域的天赋并因材施教至关重要，一方面，每个孩子都是独一无二的个体，他们的天赋就像深埋在地下的宝藏，等待被发掘。父母若能依据孩子的天赋进行教育，就如同为他们找到了开启成功之门的钥匙，能让他们在擅长的领域大放光彩；另一方面，因材施教能激发孩子的学习兴趣和内驱力，让他们主动探索知识，享受成长的乐趣，而不是在不擅长的领域苦苦挣扎，磨灭学习的热情。

小慧的妈妈一直为她的教育问题发愁，小慧上小学后，学习成绩不太理想，特别是数学，那些复杂的公式和应用题常常让她难以理解。每次考试公布成绩后，看到小慧失落的神情，妈妈既心疼又着急，于是，给她报了多个补习班，然而收效甚微。

一次，学校筹备文艺汇演，小慧被选中参加舞蹈表演。起初，妈妈满心担忧，害怕小慧会因不擅长而抗拒，可小慧却表现得异常积极。排练时，妈妈去学校接她，只见小慧跟着音乐的节奏，轻盈地舞动身体，每一个动作都充满活力与自信，那灵动的模样让妈妈大为惊叹。

文艺汇演的日子到了，小慧在舞台上翩翩起舞，举手投足间满是光彩，而且表演也赢得了全场热烈的掌声。看着舞台上光芒四射的女儿，妈妈恍然大悟，小慧的天赋或许并不在主要的学科领域，而是在身体动觉智能方面。

从那以后，小慧妈妈的心态也发生了巨大的改变，她不再只把目

光聚焦在小慧的数学成绩上，而是不断地告诉自己：与其让孩子在不擅长的领域苦苦挣扎，不如分散一些精力放到小慧喜欢的舞蹈上。于是，小慧妈妈决定给小慧报专业的舞蹈培训班，带她接触更多的舞蹈艺术。

其实，每个孩子都是独特的个体，在不同智能领域都会展现出天赋倾向，家长在养育的过程中要依据多元智能理论，敏锐捕捉孩子的优势智能，因材施教，这样才能激发孩子的最大潜能，助力他们在擅长的领域茁壮成长。

行动起来

1. 观察孩子的日常兴趣

在家庭养育中，孩子的天赋常常隐藏于日常生活的琐碎细节里，家长需要时刻保持敏锐观察，留意孩子在玩耍、学习、社交等各类活动中的表现。当孩子玩耍时，他们全身心投入的事物往往暗藏玄机。例如，孩子喜欢拼装积木，尤其是对空间结构情有独钟，这极有可能是其逻辑思维能力较为出色的一种体现。

话术示例

“宝贝，你最近总是喜欢搭积木，妈妈可以加入吗？我们一起研究一下怎么搭出更厉害的造型。”

“我发现你这几天一直在画画，画得好认真，要不要妈妈给你买一些更专业的绘画工具？”

2. 提供多样化的体验机会

在生活中，家长要带孩子参加丰富多样的活动，如音乐、体育、手工、科学实验等，让他们在不同的领域中尝试，从而发现自己的天赋所在。

话术示例

“宝贝，这个周末有一场儿童音乐会，我们一起去听听，据说有你喜欢的冰雪女王呢！”

“妈妈给你报名了一个手工制作班，里面有好多有趣的手工项目，咱们去试试，看看自己喜不喜欢。”

3. 鼓励尝试与探索

当孩子对某件事情表现出兴趣时，家长要鼓励他们大胆尝试，不要害怕失败，让他们在探索中不断挖掘自己的潜力。

话术示例

“宝贝，你想学习轮滑，那就去试试吧，摔几跤也没关系，妈妈相信你一定能学会。”

“你对这个科学小实验很感兴趣，那就动手做吧，看看能发现什么有趣的现象。”

4. 与孩子共同学习成长

家长尽量参与孩子感兴趣的活动，和他们一起学习、一起进步，这不仅能增进亲子关系，还能更好地引导孩子发挥天赋。

话术示例

“宝贝，你喜欢弹钢琴，妈妈也很想学，我们一起上课，互相监督，好不好？”

“我们一起研究这个数学谜题吧，说不定能发现你在逻辑思维方面的小宇宙哦。”

5．肯定与鼓励孩子的努力

当孩子在自己擅长的领域取得进步时，家长要及时给予肯定和鼓励，让他们感受到自己的努力得到了认可，增强他们的自信心和成就感。

话术示例

“宝贝，你这次舞蹈比赛表现得太棒了，每一个动作都很到位，妈妈为你骄傲！”

“你这次画画的色彩搭配比上次更漂亮了，继续加油，你一定会越来越厉害的！”

大脑优势半球倾向不同，教育方式天差地别

现代科学研究已清晰表明，人类大脑分为左右两个半球，它们虽然协同运作，但并非“铁板一块”。左脑和右脑各自掌管着截然不同的功能领域：左脑通常主导语言表达、逻辑推理、数学运算等理性思维活动，就像精密严谨的工程师，有条不紊地处理信息；右脑则侧重于空间感知、艺术创造、情感洞察，宛如一位充满灵感与浪漫情怀的艺术家。

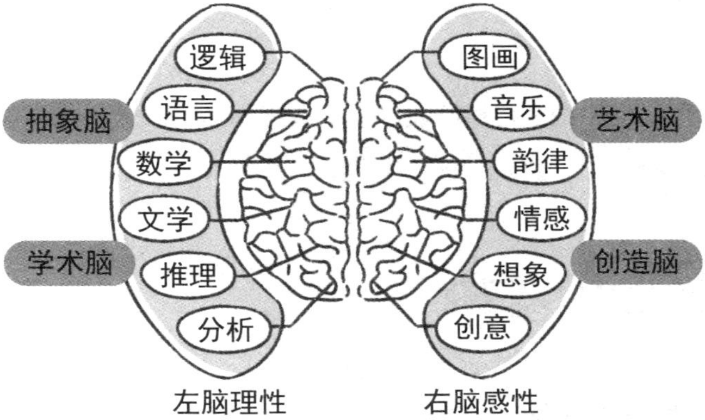

在孩子成长过程中，他们的其中一个半球往往会展现出更为突出的优势。有的孩子能轻松拆解复杂数学题、表达条理清晰，这大

概率是左脑优势在发挥作用；而有的孩子对色彩搭配独具慧眼、音乐感知敏锐，这极有可能是右脑更为活跃。这种差异对家庭教育方式有着极为深刻的启示，它如同提供了一份个性化的成长指南，等待家长去解读运用。

爱因斯坦小时候，在常规课堂学习中表现并不出众，语言表达能力发展相对迟缓，学校的传统教育方式似乎并不适合他，刻板的教学要求让他感到压抑，成绩也难以突出。

然而，爱因斯坦从5岁开始，就被移动指南针指针的无形力量所吸引，对空间和物理现象有着独特的思考方式。爱因斯坦的叔叔通过引导他做一些简单有趣的物理小实验，激发他对科学的兴趣，这种因材施教的方式契合了爱因斯坦大脑对抽象物理概念的理解与探索。后来，爱因斯坦凭借卓越的思维能力，提出相对论，开创了物理学新纪元。

所以说，孩子的大脑特质不同，他们所擅长之事也各不相同，家长需因材施教，才能挖掘孩子潜能，铸就非凡成就。

行动起来

1. 四个维度识别孩子的大脑倾向

在孩子成长的进程中，家长如果能识别孩子大脑倾向，就宛如掌握了一把开启个性化发展大门的钥匙，为家庭教育和潜能激发照亮前行之路。可以从四个维度入手，识别孩子大脑倾向即思维方式、学习偏好、记忆特点、情绪表达，家长可以参考下表进行对照：

评估方向	左脑倾向明显	右脑倾向明显
思维方式	喜欢线性步骤，追问“为什么”	跳跃联想，常问“如果……会怎样”
学习偏好	享受解数学题、背单词等规则明确的任务	偏爱绘画、编故事等开放创作
记忆特点	擅长背诵公式、年代等序列信息	对图像、场景记忆深刻、易记住人脸而非名字
情绪表达	倾向用语言描述感受	通过动作、艺术或沉默表达情绪

家长需要注意的是：很多孩子的大脑是混合型（某一侧略占优势）的，需动态观察而非贴标签，而且7岁前人类的大脑可塑性极强，倾向也可能随年龄变化而变化。

2. 提供多样化学习资源

家长了解了孩子大脑的倾向性之后，可因材施教按“倾向匹配＋补足短板”制订养育策略和方法。

对于左脑优势型的孩子来说，家长需要在教养过程中强化逻辑，补足创意，具体可采取以下方法：

√ 用思维导图梳理知识框架（如历史时间轴、语法规则树）；

√ 玩数独、编程游戏锻炼系统性思维；

√ 鼓励参加辩论赛、科学实验等结构化活动；

√ 每天15分钟自由绘画（不设主题）；

√ 用“故事记忆法”背课文（把知识点编成冒险故事）；

√ 玩即兴角色扮演游戏（如“假如你是外星人描述地球”）。

3. 右脑优势型——释放创意，提升条理

对于右脑优势型的孩子来说，家长需要在教养过程中释放创意，提升条理，具体可采取以下方法：

√ 用视觉笔记替代传统抄写（如用图标总结课文）；
√ 通过艺术创作理解抽象概念（如画细胞结构学生物）；
√ 参与戏剧表演、项目制学习（如策划班级义卖）；
√ 制作“创意流程图”（把灵感分解为可行步骤）；
√ 玩分类整理游戏（如按多重标准给玩具归类）；
√ 学习基础编程（用逻辑实现创意）。

4. 均衡型：灵活切换，防止偏科

很多孩子都是左右脑均衡型的，对于这样的孩子来说，家长需要在教养过程中灵活切换，防止偏科，具体可采取以下方法：

√ 交替进行逻辑训练与创意任务（如上午数学题，下午背诗歌）；
√ 警惕“平均主义”，允许在某些领域深度专精。

5. 结合大脑发育规律，各个年龄段教育方法不同

孩子成长的每一步，大脑发育都有着独特的轨迹，这就要求家长的教育方法也要相应调整。

0—3 岁婴幼儿期：这个阶段孩子大脑神经元疯狂连接，家长应多给予孩子丰富的感官刺激，如触摸不同质地的物品、聆听轻柔的音乐，多交流促进语言中枢发育。

3—6 岁幼儿期：这个阶段大脑中形象思维占主导，家长可以用绘本、绘画等工具，培养孩子的想象力、创造力与社交能力。

6—12 岁童年期：这个阶段孩子逻辑思维萌芽，家长要带孩子参与科学实验，支持孩子的兴趣，挖掘孩子的潜力。

12—18 岁青少年期：这个阶段孩子大脑额叶成熟，家长要尊重孩子的想法，赋予他们自主空间，引导孩子分析问题，培养他们独立思考的能力与决策力。

自尊水平，才是孩子的“开挂密码”

自尊，是孩子内心深处对自己价值的一种认知和评价，就像一座大厦的基石，支撑着孩子的心理健康与全面发展。高自尊水平的孩子，仿佛自带光芒，他们坚信自己的价值，勇于面对挑战，积极主动地探索世界。因为他们从心底认可自己，所以在面对困难时，他们更能保持乐观的心态，相信自己有能力克服。

相反，低自尊水平的孩子，就像被乌云笼罩，常常自我怀疑，害怕犯错，不敢尝试新事物。他们过分在意他人的评价，一旦遭遇挫折，就容易陷入自我否定的深渊，难以自拔。比如在学习上，高自尊的孩子会把难题当作提升自己的机会，而低自尊的孩子可能会因为害怕做错题被批评，连尝试的勇气都没有。由此可见，提升孩子的自尊水平，对他们的成长有着不可估量的作用，堪称孩子成长路上的 “开挂密码”。

小悠曾经是个特别内向胆小的孩子。刚上幼儿园的时候，每次送她去学校，她都紧紧拉着妈妈的手，不敢和其他小朋友一起玩。在课堂上，即使她知道答案，也不敢举手发言，妈妈很担心她这样下去会越来越不自信。

有一次幼儿园举办亲子绘画活动，小悠对绘画表现出了浓厚的兴趣。活动中，小悠认真地画着，虽然她画得并不像其他小朋友那么精致，但她非常专注。画完后，妈妈看着她充满期待的眼神，真诚地对她说：“宝贝，你画的画颜色搭配太漂亮了，妈妈能感受到你画的时候特别用心，你真棒！”小悠听了，脸上露出了灿烂的笑容。

从那以后，我发现小悠开始有了一些变化。她在幼儿园里主动和小朋友交流，分享自己的绘画作品；课堂上也偶尔会举手回答问题了。

我也更加注重对小悠的鼓励和肯定，每次她完成一件小事，比如自己整理玩具、帮忙摆碗筷，我都会及时表扬她：“宝贝，你把玩具整理得这么整齐，真是个有责任心的好孩子！”“你主动帮忙摆碗筷，妈妈觉得你长大了，真贴心！”

慢慢地，小悠变得越来越自信开朗。她参加了学校的绘画社团，还在绘画比赛中获得了奖项。看着舞台上自信领奖的小悠，我由衷地感到欣慰。

健康的自尊水平如同孩子人生的“操作系统升级包”—— 它不直接提供知识或技能，却决定了孩子调用自身潜能的效率与稳定性。真正的高自尊不是盲目自信，而是建立在清晰的自我认知 + 抗挫力 + 价值感之上的内在驱动力。

行动起来

1. 给予真诚的肯定和鼓励

在教育孩子的过程中，家长要善于捕捉孩子努力的瞬间，不只是关注结果。比如孩子为准备一场演讲比赛，反复练习，即便演讲表现不是最完美的，但他在练习中展现出的专注和坚持，也值得肯定。用具体的语言描述孩子的努力，如“宝贝，你为了这次演讲，每天都认真练习，每个动作、每句话都反复琢磨，这种认真的态度太让妈妈感动了，继续加油！”让孩子明确知道自己的努力有被看见，从而增强孩子的自信心和动力。

话术示例

“宝贝，你这次跑步比上次快了好多，能看出来你平时没少练习，继续加油！”

“你主动帮邻居奶奶提东西，真是个善良又热心的孩子，妈妈为你骄傲！”

2. 尊重孩子的选择和决定

家长要在生活小事上给予孩子选择权，像选择晚餐吃什么、周末穿哪件衣服等。在选择兴趣班时，家长要和孩子一起了解不同的课程内容，让孩子充分表达想法。尊重孩子的决定意味着即便结果可能不理想，也不指责，而是引导孩子总结经验，让孩子在自主选择中逐渐建立自我认同感。

话术示例

“周末我们出去玩，你是想去公园还是科技馆呢？你自己决定，妈妈都支持你。”

“这次参加兴趣班，你可以按照自己的喜好来选，不管你选什么，妈妈都觉得很棒。”

3．鼓励孩子面对挑战

当孩子面对困难想退缩时，家长先给予孩子情感上的支持，如一个温暖的拥抱，让孩子感受到安全感。然后分享自己或他人克服类似困难的经历，增强孩子的信心。比如孩子害怕参加学校的朗诵比赛，家长可以说 “妈妈小时候也害怕在很多人面前说话，但鼓起勇气尝试后，发现其实并没有那么难，你也可以的，大胆去试试！”

话术示例

“宝贝，这个拼图有点难，但是妈妈相信你可以挑战成功，试试看吧！”

“学骑自行车是有点难，不过你这么勇敢，只要坚持练习，肯定能学会的。”

4．培养孩子的兴趣爱好

家长要日常留意孩子的行为，当发现孩子对某事物表现出好奇或专注时，深入挖掘。若孩子喜欢看星空，不仅可以给孩子买天文望远镜，还可以带孩子参加天文爱好者的聚会，让孩子结识志同道合的伙伴，在专业人士的指导下，更深入地探索兴趣领域，收获成就感。

话术示例

“我发现你对书法很感兴趣，妈妈给你报个书法班，好好去学习，说不定以后你能成为大书法家呢！”

“你唱歌这么好听，我们一起参加社区的歌唱比赛吧，展示一下你的才艺！”

5. 帮助孩子正确面对失败

孩子失败时，家长要先接纳孩子的情绪，让孩子哭出来或倾诉委屈。等孩子情绪平复后，家长可以和孩子一起复盘，分析失败的原因，制订改进计划。比如孩子考试失利，家长可以说“妈妈知道你现在很难过，我们一起看看错题，是知识点没掌握，还是粗心大意，把问题解决了，下次肯定能进步。”让孩子明白失败是成长的机会，而非终点。

话术示例

“宝贝，这次比赛没获奖没关系，你在比赛中已经很努力了，我们一起看看哪些地方可以做得更好，下次肯定能行！”

“考试没考好不要难过，我们一起分析错题，把不会的知识学会，下次考试肯定能进步。”

“一刀切”式的教育模式，正“偷走”孩子未来的无限可能

每个孩子都是独一无二的，他们拥有各自独特的天赋、兴趣和思维方式。“一刀切”式的教育模式却像一把固定尺寸的尺子，去衡量每一个孩子。在这种模式下，孩子们被要求按照相同的进度学习相同的内容，以同样的标准接受考核。这就导致那些在某些方面有特殊才能或兴趣的孩子，可能因为不符合标准化的要求，而被忽视甚至被否定。例如，一个对艺术充满热情、极具创造力的孩子，可能因为数学成绩不够突出，在标准化的学业评价中被视为“不够优秀”，从而逐渐失去对学习的热情和自信，他们原本无限的发展潜力也被深深埋没。

对普通人而言，虽难以逃离标准化教育的框架，但家庭为因材施教提供了广阔空间。父母可以通过以下几种方式，为孩子量身定制个性化教育方案，挖掘孩子的潜力，让孩子在成长道路上绽放独特光彩。

行动起来

1. 关注孩子的兴趣爱好

家长在日常生活中，要时刻留意孩子的行为举止。比如孩子在玩玩具时，长时间专注于搭建积木，或是对拆卸、组装玩具车表现出浓厚兴趣，这都可能是兴趣的信号。一旦发现，家长可以通过与孩子交流，了

解他们内心的想法，再为孩子提供相关的资源，如购买专业的积木书籍、模型工具，助力孩子深入探索。

话术示例

“宝贝，我发现你最近总是摆弄那些小零件，是不是对机械很感兴趣呀？妈妈给你买一些相关的书籍和模型，咱们一起研究研究。”

“你这几天一直在画漫画，画得好认真，看来你真的很喜欢画画。妈妈帮你报个绘画兴趣班，好不好？”

2. 鼓励个性化学习

每个孩子的学习节奏和方式都不同，家长要充分尊重这一点。当孩子在学习过程中遇到困难，比如学习英语发音时，不要急于纠正，而是耐心引导孩子按照自己的节奏去练习。允许孩子采用独特的学习技巧，如用绘画来辅助记忆单词，只要能达到学习效果，都应给予支持。

话术示例

“宝贝，数学这部分知识你要是觉得难，咱们就慢慢学，不用着急，按照你自己的节奏来就好。”

“你可以用自己喜欢的方式背诵课文，不管是编成小故事还是唱成歌，只要能记住就很棒。”

3. 提供多元化学习机会

为了拓宽孩子的视野，家长可以积极寻找各种学习资源。除了参加讲座、兴趣班，还可以带孩子参观博物馆、科技馆，观看不同类型的演出，让孩子在丰富的体验中，接触到文学、艺术、科学等多领域知识，激发潜在兴趣。

话术示例

“周末我们一起去参加那个自然科学讲座吧，说不定能激发你对科学的兴趣。”

“妈妈给你报名了一个手工陶艺班，去体验一下动手创作的乐趣，感受不一样的艺术形式。”

4. 培养批判性思维

在孩子学习的过程中，家长要主动引导孩子思考。比如在辅导作业时，鼓励孩子对课本上的例题提出不同解法；阅读故事书后，家长要引导孩子思考故事的合理性，鼓励孩子提出疑问和不同观点，培养独立思考的能力。

话术示例

“宝贝，老师说的这个解题方法很巧妙，但你也可以想想，还有没有其他的办法呢？”

“对于这个故事的结局，你有什么不同的看法吗？大胆说出来，我们一起讨论。”

5. 肯定孩子的独特之处

家长要善于发现孩子的闪光点，无论是孩子独特的思考方式，还是与众不同的创意作品。当孩子画出风格独特的画作，或是想出新奇的游戏玩法时，家长要及时给予具体的肯定，让孩子感受到自己的独特之处得到了认可，从而增强他们的自信心。

话术示例

“宝贝，你这个想法太有创意了，和其他小朋友都不一样，妈妈为你骄傲！”

“你解决问题的方式很独特，能从不同的角度去思考，继续保持哦！”

AI时代，因材施教才是逆袭法宝

在科技飞速发展的AI时代,社会对人才的需求发生了巨大转变。人工智能擅长处理重复性、规律性的任务，那些依靠死记硬背、机械执行的能力逐渐失去优势。这意味着，孩子们要想在未来脱颖而出，必须具备独特的创造力、批判性思维和解决复杂问题的能力。

而因材施教正是满足这一需求的关键。每个孩子都是独一无二的个体，拥有不同的兴趣、天赋和学习方式。只有因材施教，才能充分挖掘孩子的潜力，激发他们的学习热情，让他们在自己擅长的领域发光发热。就像一把钥匙开一把锁，合适的教育方式能开启孩子通往成功的大门，帮助他们实现逆袭。如果仍采用“一刀切”的教育模式，孩子的独特之处可能被埋没，在激烈的竞争中逐渐落后。

李毅是一名普通的初二学生，在繁重的课业压力下苦苦摸索。数学里复杂的几何证明、物理中抽象的力学原理，常常让他一头雾水，成绩也因此一直徘徊不前。

新学期开始，爸爸的朋友向李毅介绍了一款AI学习辅助工具。怀着忐忑的心情，李毅在自己那台又老又旧的平板电脑上下载安装。

第一次使用，李毅输入了一道前几天困扰自己的数学函数难题。AI迅速给出详细解答步骤，还通过生动的动画演示函数图像的变化规律，让原本晦涩的知识瞬间变得直观易懂。李毅眼睛一亮，仿佛打开了新世界的大门。

此后，李毅逐渐掌握了使用AI辅助学习的窍门。每次预习物理，他先将课本章节知识点输入，AI会生成简洁明了的知识框架，还贴心地标注出重点、难点，并附上相关生活实例帮助理解。课堂上，他认真听讲，将老师讲解的内容与AI提供的资料相互印证，查漏补缺，遇到难以理解的实验，AI能模拟实验过程，让李毅看清每一个细节。

英语学习更是轻松不少，AI的口语评测功能纠正他的发音，推荐适合他水平的英文文章和影视作品，帮他提升阅读与听力能力。

在当下AI蓬勃发展的时代，因材施教也被赋予了全新的活力与可能，家长们能够借助先进的 AI工具，更精准地助力孩子成长。

行动起来

1. 巧用 AI 诊断学习难点

孩子在学习的过程中，难免会遇到各种难点，家长不妨将这些难点输入AI，并写好准确的提示词，让AI帮忙解决。例如，若孩子总是写出流水账式的日记，AI 可能会给出这样的建议：“试试‘五感记录法’，每次只描述一种感官体验，比如今天操场上的青草味像刚刚切开的青瓜，清新又带着丝丝凉意”。如此一来，孩子能轻松理解并改进自己的问题，学习效率也能大幅提升。

2. 定制专属兴趣拓展方案

兴趣是最好的老师，而AI能帮助家长更好地拓展孩子的兴趣。假设孩子要去参观博物馆，参观前可以通过AI平台，如“DeepSeek”中了解关于这家博物馆的历史、镇馆之宝等信息。参观结束后，孩子可以使用“创客贴”制作图文研究报告，锻炼其整合知识的能力与表达能力。同时，利用其他平台，如“豆包”搜索“古生物学家工作日常”，为孩子进行职业启蒙，让兴趣与未来发展紧密相连。

3. 借助AI破解偏科难题

对于偏科的孩子，AI同样能提供有效帮助。如果孩子语文差，但却是游戏高手，不妨利用《我的世界》搭建名著场景，激发他们阅读名著的兴趣；将作文题改编成游戏任务，例如“写封信说服NPC加入你的战队”，让写作不再枯燥。

4. 依据性格适配学习法

每个孩子性格迥异，学习方法也应量身定制，AI为此给孩子提供了丰富选项。内向敏感型的孩子，在学习时可能会因当众回答问题而倍感压力。此时，家长可推荐“可汗学院”App，让孩子自主刷题，在轻松的氛围中学习；而多动好奇型的孩子，注意力难以长时间集中，家长可以让他们用“豆包”制作单词卡，每5分钟切换学习主题，保持学习的新鲜感。

第三章

气质类型不同，
因材施教的教养方式有别

四大气质类型，你的孩子属于哪一类

古希腊医生希波克拉底曾提出气质体液说，他认为：人体由血液、黏液、黄胆汁和黑胆汁这四种体液构成，由于这四种体液在人体内所占比例各异，进而塑造出四种不同的气质类型：

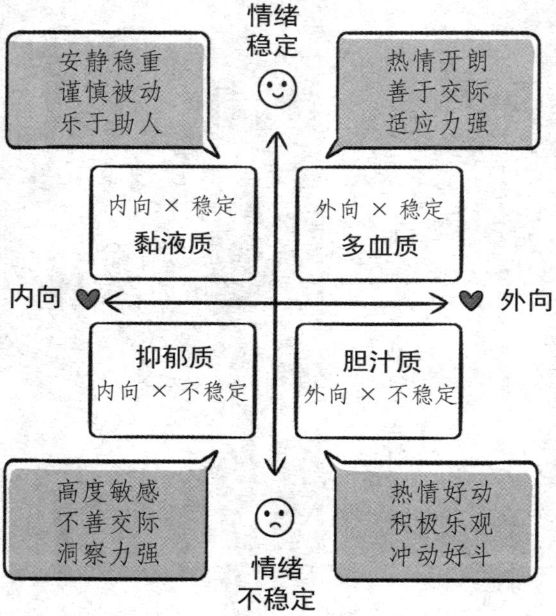

多血质：当血液在人体中占据优势时，会形成多血质的气质，这类人往往活泼好动、擅长交际；

黏液质：若黏液占主导，便产生黏液质，他们通常安静稳重，情绪较为稳定；

胆汁质：黄胆汁占优势时，胆汁质的气质特点得以凸显，这类人热情直率、精力旺盛，然而容易冲动行事；

抑郁质：黑胆汁占优势的个体，则呈现出抑郁质，他们情感细腻且多愁善感。

希波克拉底的气质体液说，为后世对人类气质类型的深入探究奠定了坚实基础，对心理学与医学的发展产生了意义深远的影响。与此同时，该学说也为父母在养育子女过程中进行因材施教提供了重要的参照依据。

林妈妈有一对双胞胎女儿小优和小越，她对孩子的教育问题非常重视，每年都会为姐妹俩制订相同的学习与兴趣培养计划，期待她们一同成长、进步。

5岁时，林妈妈给小优和小越报了同一个绘画兴趣班，满心期待姐妹俩能一同在艺术的海洋里畅游。每到上课时，小优总是像一只欢快的小鸟，早早地跑到离老师最近的座位，老师讲课的时候，她听的非常认真，积极与老师互动，创作时想法也很独特。而小越则跟小优大不相同，她总是安静地坐在教室角落，创作时也小心翼翼，整堂课下来很少与老师互动。

林妈妈每天固定的时间带两姐妹阅读识字，小优总是叽叽喳喳，学得快，忘得也快。一个新字，她看两眼就能读出来，可没一会儿就抛到了脑后，注意力全被窗外飞过的小鸟、桌上的小玩偶吸引。小越则不同，她不慌不忙地跟着妈妈阅读，认汉字，虽然记得没有小优快，但是很扎实。

幼儿园的亲子活动更是让林妈妈看到了姐妹俩的巨大差异。游戏环节中，小优喜欢跑跳类的游戏，在这种游戏里她像个冲锋陷阵的小战士，总是跑在最前面，虽然也可能因为过于冲动，频繁出错，但是她并不在乎。小越则喜欢手工类的游戏，比如和家长一起串手链、包粽子等，在这样的游戏里，她非常有耐心，还会有条不紊地配合家长，最终完成的作品也非常优秀。

经历了这一连串的事情，林妈妈开始仔细观察姐妹俩的日常行为。在了解到人的四种气质类型后，林妈妈恍然大悟，原来两个姐妹虽然是双胞胎，但他们的气质类型并不属于一类，小优是典型的多血质气质，热情活泼、思维敏捷，但缺乏专注和耐心；小越属于黏液质气质，安静稳重、做事细致，可不够灵活、过于追求完美。根据双方的气质特点，林妈妈及时调整了两个孩子的学习与兴趣培养计划。

家长依据孩子不同气质类型因材施教，如同为孩子量身定制成长方案，既能助力孩子克服自身弱点，发挥优势，又能促进亲子关系和谐，为孩子的健康成长营造良好氛围，让孩子在各自的人生道路上绽放独特光芒。

那么父母如何判断孩子的气质类型呢？

行动起来

在日常生活中，父母可以通过观察孩子在活动水平、情绪表达、社交行为和注意力集中程度等方面的表现来判断其气质类型，以下为具体方法。

1. 胆汁质

活动水平：拥有这种气质类型的孩子精力旺盛，似乎总有使不完的劲儿。例如在操场上，他们会不知疲倦地奔跑、跳跃，参与各种剧烈的运动，很少主动停下来休息。

情绪表达：胆汁质的孩子情绪会比较强烈，容易激动和愤怒。比如想要某个玩具而得不到时，可能会立刻大哭大闹，甚至躺在地上打滚，情绪来得快去得也快，一旦得到满足又会马上破涕为笑。

社交行为：胆汁质的孩子热情直率，在新环境中能迅速与他人建立联系。比如在幼儿园里，会主动与其他小朋友打招呼，邀请别人一起玩耍，说话声音较大，肢体动作丰富。

注意力集中程度：胆汁质的孩子做事情往往凭兴趣，感兴趣的事情能投入一段时间，但遇到困难或不感兴趣的任务时，容易分心甚至放弃。例如在拼图时，如果一开始觉得好玩就会很投入，但如果拼了一会儿发现有难度，就可能会扔下拼图去做其他事情。

2．多血质

活动水平：多血质的孩子活泼好动，喜欢参与各种活动，总是忙个不停。在教室里，可能会经常离开座位，找同学说话或去看其他地方发生了什么事情。

情绪表达：多血质的孩子情绪丰富多样，容易受到外界环境影响而变化。看到喜欢的动画片会开心得手舞足蹈，听到一个不好的消息可能会马上变得沮丧，但情绪转变也很快，可能一会儿又会被其他事情吸引而高兴起来。

社交行为：多血质的孩子善于交际，能很快适应新环境，与不同的人都能友好相处。在聚会中，会主动与陌生人交流，分享自己的想法和经历，还能很快融入群体游戏中。

注意力集中程度：多血质的孩子注意力容易分散，很难长时间专注于一件事情。比如在看书时，可能会被窗外的鸟叫声或其他动静吸引，然后放下书去看窗外，很难完整地看完一个故事。

3．黏液质

活动水平：黏液质的孩子行动缓慢、稳重，活动量相对较少。在集体活动中，不会像其他孩子那样跑来跑去，而是比较安静地参与，做事有条不紊。

情绪表达：黏液质的孩子情绪稳定，不轻易发脾气或表现出过度的兴奋。即使遇到喜欢的东西，也不会像其他孩子那样表现得特别激动，而是会比较淡定地表达自己的喜欢。

社交行为：黏液质的孩子在社交中比较安静、含蓄，不会主动与他人交流，但当别人与他们交流时，会认真倾听并给予回应。在新环境中，可能会先观察一段时间，再逐渐融入。

注意力集中程度：黏液质的孩子注意力集中，能够长时间专注于一项任务。例如在搭积木时，会专注于搭建自己的作品，不受周围环境的干扰，即使花很长时间也会坚持完成。

4. 抑郁质

活动水平：抑郁质的孩子活动量较少，喜欢安静的活动，如看书、画画等。在户外玩耍时，可能会选择比较安静的角落，自己一个人玩，不像其他孩子那样热衷于激烈的游戏。

情绪表达：抑郁质的孩子情感细腻、敏感，容易多愁善感。可能会因为一朵花的凋谢而感到难过，或者因为老师的一个眼神而思考很久，担心自己是不是做错了什么。

社交行为：抑郁质的孩子胆小、孤僻，在新环境中容易紧张、害羞，不太愿意主动与他人交往。在幼儿园里，可能会独自坐在角落里，看着其他小朋友玩耍，需要很长时间才能与其他孩子熟悉起来。

注意力集中程度：抑郁质的孩子在自己感兴趣的事情上注意力很集中，并且能够深入思考。比如在画画时，会对画面的细节非常关注，认真地描绘每一个部分，但如果是不感兴趣的事情，可能会表现出抵触情绪，难以集中注意力。

需要注意的是，大多数孩子的气质类型并不是绝对单一的，可能是以某种气质为主，同时兼具其他气质类型的一些特点。而且，孩子的气质也会受到环境、教育等多种因素的影响而发生变化。

因此，家长在判断孩子的气质类型时，要综合多方面因素进行长期观察和分析，以便更准确地了解孩子，采取合适的教育方式。

胆汁质型：多种形式调解“小张飞”们的情绪

在心理学中，胆汁质的孩子如同《三国演义》里的张飞，他们热情直率、精力充沛，对世界充满好奇，无论做什么都干劲十足。可一旦情绪爆发，就像点燃的火药桶，难以控制。

胆汁质孩子在遇到挫折时容易愤怒，他们和小伙伴产生分歧时也可能瞬间情绪激动。这些情绪反应并非他们故意为之，而是源于胆汁质的特质，神经活动的兴奋过程强于抑制过程，使得他们在情绪管理上较为薄弱。

了解胆汁质孩子的情绪特点，能帮助家长更好地引导他们，让这些“小张飞”在保持热情活力的同时，学会控制情绪，健康成长。

尚尚是个典型的胆汁质孩子，他从小就活泼好动，对什么都充满热情。上幼儿园后，他喜欢幼儿园的各种活动，唱歌、跳舞、做游戏，样样都冲在前面。可他的脾气也很急躁，一点小事不顺心就容易发脾气。

有一次，幼儿园组织绘画比赛，尚尚特别想画一幅漂亮的画参赛。但在画画过程中，他不小心把颜料弄洒了，画也弄脏了，瞬间，尚尚的脸涨得通红，愤怒地把画笔扔在地上，大哭起来，怎么哄都不行，没办法老师只好给尚尚妈妈打电话，提前接尚尚放学。

最近一段时间，妈妈开始思考如何引导胆汁质孩子，让他的情绪更加稳定一些，妈妈发现运动是个很好的方式，于是经常带他去公园跑步、踢球。在尽情释放精力的过程中，尚尚的情绪也变得更加稳定。除此之外，妈妈还教尚尚一些情绪表达的方法。当他生气的时候，妈妈会引导他说：“宝贝，你现在是不是很生气？你可以告诉妈妈为什么生气，我们一起想办法解决。”慢慢地，尚尚学会了用语言表达自己的感受，而不是直接发脾气。

针对胆汁质型的孩子，家长如何因材施教，引导他们学会稳定自己的情绪呢?

行动起来

1. 运动释放法

胆汁质孩子通常精力旺盛，充沛的能量若得不到合理释放，可能会引发情绪波动。家长可以根据孩子的喜好，选择合适的运动项目，如打篮球、踢足球、跳绳等。每次运动安排30分钟至1小时，让孩子尽情奔跑、跳跃，充分挥洒汗水，在释放能量的同时，还能促进大脑分泌内啡肽，帮助稳定情绪，让孩子以更平和的状态面对生活。

话术示例

“宝贝，看你今天活力满满，我们去骑自行车吧，感受一下风的速度！”

“你好像有点不开心，我们去操场跑跑步，把坏情绪都跑掉，怎么样？”

2. 情绪表达引导

当孩子出现情绪变化时，家长要主动引导孩子表达内心感受。首先，给予孩子充分的关注，用温和的语气询问，让孩子感受到被尊重和理解。其次，引导孩子识别情绪，比如“你现在是不是觉得很委屈呀”，帮助孩子给情绪贴上标签，再进一步引导孩子说出产生情绪的原因，逐步培养孩子用语言表达情绪的习惯。

话术示例

“宝贝，你现在看起来很生气，能告诉妈妈是因为什么吗？说出来可能会感觉好一点。”

“你因为这件事不开心，我们一起说说，看看怎么让你高兴起来。”

3. 陪伴孩子耐心活动

家长可以选择像拼图、下棋、手工制作这类需要耐心和专注力的活动，让孩子在沉浸式的体验中锻炼控制情绪的能力。在活动开始前，家长要向孩子强调规则和要求，让孩子明白需要静下心来完成。在孩子遇到困难想要放弃或着急时，家长给予鼓励和指导，帮助孩子克服困难，完成挑战，增强情绪自控力。

话术示例

“宝贝，我们来玩拼图吧，看看谁拼得又快又好，不过要慢慢来，不能着急哦。”

“下棋很考验耐心，我们一起下一盘，看看你能不能沉住气，战胜妈妈。”

4. 榜样示范法

家长是孩子最好的老师，日常生活中，家长要时刻注意自己的情绪管理。遇到不如意的事情，保持冷静和理智，用平和的方式解决问题。比如在处理工作压力、家庭琐事时，展现出良好的情绪调节能力，让孩子在潜移默化中受到影响，学会模仿家长控制情绪。

话术示例

“宝贝，你看妈妈刚才遇到不开心的事，并没有发脾气，我们都要学会控制自己的情绪，对不对？”

“妈妈知道你有时候忍不住发脾气，没关系，我们一起努力，像妈妈一样慢慢学会控制情绪。”

5．提前预防策略

在孩子可能情绪爆发的场景前，家长提前与孩子沟通，进行情绪管理的提醒。比如去公共场所前，和孩子一起讨论可能遇到的情况，以及如何应对，让孩子提前做好心理准备。通过这种方式，帮助孩子在面临问题时，能够有意识地控制情绪，避免冲动行事。

话术示例

“宝贝，等会我们要去和小朋友一起玩，要是有不同意见，可不能发脾气哦，要好好商量。”

“等会在课堂上回答问题，要是没答对也别着急生气，我们下次再努力，好不好？”

多血质型：培养“小猪八戒”们的专注力是关键

在心理学对气质类型的划分中，多血质的孩子就如同《西游记》里的猪八戒，活泼好动、反应敏捷，总能迅速地对周围的新鲜事物产生兴趣，仿佛有用不完的精力。他们善于与人交往，走到哪里都能快速融入群体，成为人群中的焦点。然而，就像八戒容易被各种诱惑吸引、做事难以持之以恒一样，多血质的孩子最大的特点就是：兴趣广泛却容易转移，注意力很难长时间集中。

这种特质使得他们在学习和生活中，常常浅尝辄止。比如在学习新知识时，一开始可能兴致勃勃，但没过多久就会被其他事物吸引，难以深入钻研。

萌萌是一名刚踏入小学的小朋友。开学第一天，教室里满是陌生的面孔和新鲜的气息，萌萌丝毫没有初入新环境的拘谨。她背着小书包，眼睛亮晶晶的，像只欢快的小鸟，在座位间穿梭，主动和身边的同学打招呼。“你好呀，我叫萌萌，咱们一起做好朋友吧！”脆生生的声音，带着十足的热情，很快就和周围的小伙伴熟络起来，不一会儿，她的小桌子旁就围了一群叽叽喳喳交流的小朋友。

课堂上，老师在讲台上绘声绘色地讲解课文，萌萌一开始听得饶有兴致，大眼睛紧紧盯着黑板。可没过几分钟，她就开始东张西望，甚至摆弄着文具盒里的尺子，还悄悄跟同桌说话。直到老师提醒她认真听讲时，她才回过神来。

课间休息时，萌萌更是活力四射。铃声一响，她就下座位和几个刚结识的小伙伴在教室里玩起了“猜猜我是谁”的游戏，笑声在教室里回荡。

萌萌的妈妈李女士深知萌萌是多血质型孩子，所以每次上学前，她都耐心地提醒萌萌。

“宝贝，到了学校，上课的时候一定要认真听老师讲课哦。妈妈知道你对很多东西都好奇，可是一定要遵守课堂纪律

“还有哦，和同学们一起玩的时候，要友好相处。你热情大方是好事，但不能太着急。大家一起做游戏，要遵守游戏规则，不能自己想怎么玩就怎么玩，不然小伙伴们会不开心的。”

李女士每天的这些提醒，就像一盏盏小灯，照亮萌萌在校园里前行的路，帮助这个活泼的多血质孩子在成长路上不断调整自己，慢慢克服自身的小缺点。

对于多血质型孩子的家长而言，需要着重培养孩子的专注力，助力孩子克服自身弱点。家长可尝试从以下几个方面入手，培养孩子的专注力，充分发挥多血质带来的优势。

行动起来

1. 兴趣引导法

家长要深入了解孩子的兴趣爱好，通过观察孩子日常行为、与孩子交流等方式，精准把握孩子的兴趣点。一旦确定兴趣方向，就选择与之紧密相关的活动。比如孩子喜欢绘画，可以多带孩子参加户外写生活动，在活动中，家长可以引导孩子专注观察周围的景色，细致描绘每一处细节，让孩子沉浸在绘画的世界里，逐渐培养专注的习惯。

话术示例

“宝贝，你这么喜欢画画，今天妈妈陪你一起吧！”

“你对机器人编程感兴趣，那我们一起专注地研究这个编程项目，看看能做出什么有趣的东西。”

2. 时间管理法

家长要结合孩子的年龄特点和学习任务，科学合理地安排学习和休息时间。家长可以采用番茄工作法等时间管理技巧，制订详细的时间表。例如，将学习时间划分为多个 25 分钟的小单元，每个单元结束后休息 5—10 分钟，让孩子在有限的时间内保持高度集中的注意力，提高学习效率。

话术示例

“宝贝，我们现在开始写作业，25分钟内要认真完成这一页，完成了就可以休息10分钟哦。”

“接下来30分钟我们专注阅读这本书，读完后我们一起讨论你印象最深刻的内容。”

3. 环境创设法

家长可以为孩子打造一个专属的安静、整洁、无干扰的学习和活动空间。房间布置要简洁有序，避免过多杂物分散孩子的注意力。学习区域配备良好的照明和舒适的桌椅，确保孩子在舒适的环境中学习。同时，家长也要注意在孩子学习时保持安静，避免制造噪声干扰孩子。

话术示例

“宝贝，妈妈把你的书桌整理好了，这里没有其他东西打扰你，你可以专心画画啦。”

“我们把客厅收拾干净，现在这里很安静，我们可以专注地玩拼图游戏。”

4. 专注力游戏训练

挑选适合孩子年龄和能力的专注力游戏，如拼图、搭积木、数独、找不同等。在游戏过程中，家长可以与孩子一起参与，激发孩子的兴趣。比如搭积木时，设定搭建目标，让孩子专注思考如何布局、拼接，锻炼孩子的手眼协调能力和专注力。

话术示例

“宝贝，我们来玩搭积木游戏，看谁搭得又快又稳，这可要非常专注哦。”

“这个数独游戏很有意思，但是需要你集中注意力，我们一起挑战一下吧！”

5. 鼓励与肯定

当孩子专注完成一件事情时，家长要不吝啬赞美之词，给予具体、真诚的肯定和鼓励。不仅要肯定结果，更要强调孩子专注的过程和付出的努力。比如 “宝贝，你在做拼图的时候一直很专注，没有被其他事情打扰，所以才能这么快完成，真的很棒！”让孩子感受到自己的专注行为得到了认可，能够增强他的自信心和成就感，从而让他更愿意保持专注。

话术示例

“宝贝，你今天写作业这么专注，效率提高了很多，妈妈为你骄傲！”

“你刚才专注地完成了这幅画，画得太棒了，继续保持哦！”

黏液质型："小沙和尚"们情绪稳定，创造力不足

在心理学中，黏液质的孩子恰似《西游记》里的沙和尚，安静稳重、情绪稳定，总是默默地承担着自己的责任，给人一种踏实可靠的感觉。他们行事有条不紊，做事情专注且有耐心，面对困难和压力时，能保持平和的心态，不轻易被外界干扰。然而，就像沙和尚性格中相对缺乏灵活与创新一样，黏液质孩子最大的短板便是创造力不足。

这类孩子习惯于遵循既定的规则和模式，思维相对固定，在面对需要创新思维的任务时，往往会感到吃力。例如在绘画课上，可能更倾向于按照老师的示范来画，而较难发挥自己独特的想象；在解决问题时，也常常依赖已有的经验，难以提出新颖的解决方案。但每个孩子都有无限的潜力，只要家长掌握正确的方法，就能激发黏液质孩子的创造力，让他们在保持稳定的同时，绽放出独特的创新光芒。

小易是个典型的黏液质孩子。在学校里，课堂上的他总是端端正正地坐着，全神贯注地听老师讲课，眼神专注而坚定。每当老师提问，他不会像其他同学那样立刻举手抢答，而是会先认真思考，组织好语言后，才缓缓举起手，条理清晰地回答问题。

一次班级组织的小组活动，需要共同完成一个手工模型。小易所在的小组里，其他同学七嘴八舌地提出各种想法，场面有些混乱。小易没有着急参与讨论，而是默默拿起纸和笔，将同学们的想法一一记录下来，等大家都安静后，他才开始分析每个想法的可行性，提出自

己的见解，最终带领小组确定了制作方案。在制作过程中，小易负责最精细的部分，他不紧不慢，每一个步骤都做得极为认真，哪怕一个小零件的粘贴，他也要反复检查是否牢固、位置是否合适。

然而，黏液质的特质也给小易带来一些困扰。学校举办演讲比赛，老师鼓励小易参加，可小易一想到要站在全校师生面前讲话，就无比紧张。最后，尽管小易提前做了充分准备，把演讲稿背得滚瓜烂熟，但上台时，还是因为过度紧张，语速变得很慢，声音也有些颤抖。演讲比赛对于小易来说是个失败的体验，他想，以后自己再也不参加这种活动了。

在孩子成长的旅程中，气质类型犹如独特的底色，影响着他们的行为模式与性格发展。黏液质的孩子，恰似静谧的湖水，有着自

身鲜明的优缺点，而父母的接纳与因材施教，便是助力他们绽放光彩的关键。

行动起来

1. 阅读启发法

对黏液质的孩子，家长可以精心挑选充满奇幻色彩、富有想象力的书籍，如经典的童话、科幻小说等给孩子阅读。在孩子阅读过程中，家长可以适时引导，比如设置一些开放性问题，激发孩子的思考与想象。读完后，家长再组织一场轻松的家庭讨论，鼓励孩子大胆分享自己脑海中的奇妙世界，让思维在交流碰撞中绽放火花。

话术示例

“宝贝，这本《绿野仙踪》里的魔法世界可神奇啦，你读完想想，如果我们也能去那个世界，你最想做什么？”

“读完这本科幻小说，你觉得未来的城市会是什么样的？和妈妈说说你的想象。”

2. 创意活动体验

家长要积极带孩子参加各类创意手工、艺术活动，如陶艺制作、创意绘画工作坊等。在活动现场，家长可以鼓励孩子放下束缚，大胆尝试新的材料、技法和表现形式。家长不要让孩子被传统的标准所限制，而要让他们在自由创作中挖掘无限的创意潜能。

话术示例

“宝贝，今天我们去参加绘画涂鸦活动，你可以随心所欲地画，不用在意画得像不像，大胆发挥你的创意。”

“在这个木工活动中，你可以自己设计一个小物件，不管是什么，妈妈都支持你尝试。”

3．创意游戏训练

通过玩词语联想、故事创编等充满趣味的游戏，家长可以为孩子打造一个锻炼创新思维的“游乐场”。在词语联想游戏中，家长与孩子互相激发灵感，将看似毫无关联的词语串联起来；在故事创编时，鼓励孩子打破常规，给故事增添独特的情节和角色。

话术示例

“我们来玩词语联想游戏，我说‘森林’，你快速说出你想到的词语，然后我们用这些词语编个有趣的故事。”

“宝贝，你来给这个故事想一个不一样的结局，发挥你的想象力，看看能不能想出特别的结尾。”

4．鼓励尝试新事物

在日常生活的点滴中，家长要鼓励孩子尝试不同的做事方法和思路。比如做家务时，让孩子思考如何优化流程；解决学习问题时，引导孩子从不同角度分析。家长要让孩子明白，方法并非唯一，勇于探索才能发现更多可能。

话术示例

“宝贝，今天我们换一种方式整理书架，你想想有没有更有趣的分类方法？”

“你平时都是用这种方法解数学题，这次试试换个思路，说不定能发现更简单的解法。”

5. 肯定与展示

当孩子有创意表现时，家长要第一时间给予真诚且具体的肯定，让孩子感受到自己的努力得到了认可。同时，积极展示他们的创意成果，无论是一幅画、一件手工作品还是一篇作文，都可以放在显眼位置，让孩子收获满满的成就感，从而更有动力去发挥创造力。

话术示例

“宝贝，你这个创意太赞了，我们把这个小发明放在家里展示，让大家都看看你的创造力！”

“你写的这首小诗很有创意，妈妈把它贴在墙上，让我们每天都能欣赏到。”

抑郁质型：给予“小林黛玉”们充分安全感

抑郁质是心理学中关于人类四种气质类型的其中一种，其并不等同于抑郁症，家长们千万不要混淆概念。抑郁质的孩子就如同《红楼梦》里的林黛玉，他们情感细腻、心思缜密，对周围的事物有着敏锐的感知。抑郁质孩子往往能注意到他人忽略的细节，有着丰富的内心世界。然而，这种特质也让他们极为敏感多疑，情绪容易低落，内心深处常常缺乏安全感。

抑郁质孩子在面对新环境或陌生人时，容易紧张不安，过度在意他人的评价，哪怕是一句不经意的话语，都可能在他们心中掀起波澜。例如在课堂上回答问题，若得到老师不太积极的反馈，他们可能会长时间陷入自我怀疑；和小伙伴玩耍时，小伙伴的一个小举动，也可能被他们解读为不友好，从而产生心理负担。

由于缺乏安全感，抑郁质孩子在很多事情面前会表现得畏缩不前，不敢大胆尝试。但只要父母给予他们足够的耐心与安全感，抑郁质孩子内心的潜力便能被激发，绽放出独特的光彩。

瑶瑶今年上三年级了，她是一个典型的抑郁质孩子。在学校，她总能安安静静地坐在教室的座位上。上课时，瑶瑶的专注力很强，她会跟着老师的思路走，老师提出的问题或讲解的新内容，她反应速度相对较慢，很少主动举手发言。即使心中有答案，瑶瑶也会因害怕回答错误或担心成为众人焦点而选择沉默。课间，同学们嬉笑打闹，她却常常独自坐在座位上，看着窗外发呆。

一次美术课，老师让大家画一幅自己心中的乐园，瑶瑶用细腻的笔触勾勒出一个宁静的花园，花园里每一朵花都有着独特的姿态。当老师表扬她的画作富有想象力时，瑶瑶只是微微低下头，小声地道谢，内心既欣喜又有些不安，生怕自己做得不够好。

家庭聚会时，亲戚们热情地跟瑶瑶聊天，询问她在学校的情况，瑶瑶总是不好意思地揪着衣角，声音小得像蚊子嗡嗡，回答完问题后便默默地躲到妈妈身后。有一次，表哥不小心碰倒了她的玩具，虽然表哥立刻道歉，可瑶瑶还是忍不住眼眶泛红，觉得自己心爱的玩具受到了伤害，内心委屈极了。

瑶瑶的妈妈察觉到了孩子的敏感与内敛，所以在跟她沟通时非常有耐心。每天晚上睡觉前，妈妈总会温柔地坐在床边和瑶瑶聊天，倾听她一天中的小烦恼、小快乐。学校的老师也十分关注瑶瑶，经常鼓励她参加一些小组活动，并安排性格开朗的同学和她一组，帮助她融入集体。

在家人和老师的悉心呵护下，瑶瑶逐渐变得开朗起来，开始主动与同学们交流，脸上的笑容也越来越多，慢慢走出了属于自己的小世界，勇敢地拥抱外面的精彩。

每个抑郁质孩子都是一颗独特的种子，只要父母以接纳为土壤，用因材施教作养分，精心浇灌培育，终能让他们绽放出属于自己的精彩。

行动起来

1. 积极倾听与回应

对于抑郁质的孩子，家长要认真倾听孩子的想法和感受，这也是建立良好亲子关系的基石。当孩子分享时，家长要给予专注的眼神和全身心的关注，用点头、微笑等肢体语言表达你的兴趣，让孩子感受到你对他的重视，从而让孩子更愿意打开心扉。

话术示例

“宝贝，你今天在学校发生的事情很有趣，妈妈很喜欢听你分享，你继续说。”

“你刚才说的这个想法，妈妈觉得很特别，能再和妈妈多说一说吗？”

2. 接纳失败与鼓励

失败是成长的必修课，抑郁质的孩子面对失败时，情绪往往低落。家长要先接纳他们的沮丧、难过等负面情绪，给予温暖的拥抱和安慰。然后引导孩子理性分析失败原因，鼓励他们把失败当作学习的机会，培养坚韧不拔的精神。

话术示例

“宝贝，这次考试没考好没关系，我们一起看看错题，把不会的知识学会，下次肯定能进步。”

“比赛输了不代表你不行，你在比赛中的表现已经很棒了，我们总结经验，下次会更出色。”

3. 尊重自主选择

在合理范围内，家长要让抑郁质孩子自主做决定，这能极大地增强他们的掌控感和自信心。比如选择衣服、安排周末活动等小事，都可以交给孩子决定。即便你不认同，也不要急于否定，而是引导孩子思考不同选择的利弊，尊重他们最终的决定。

话术示例

“这件事你怎么想？我想听听你的主意。”
“这两种选择都不错，你更倾向哪一个，为什么呢？”
“妈妈/爸爸相信你有自己的判断，按照你的想法试试吧！”

4. 营造稳定环境

稳定、和谐的家庭环境对孩子的成长至关重要。家庭成员之间相互尊重、关爱，避免在孩子面前争吵。规律的生活作息、温馨的家庭氛围，这些都能减少抑郁质孩子生活中的不确定性，让他们内心充满安全感。

话术示例

“宝贝，家里永远是你最温暖的港湾，不管什么时候，爸爸妈妈都在你身边。”

“我们的生活虽然平淡，但很温馨，你可以安心地做自己喜欢的事情。”

第四章

兴趣不同，
因材施教的教养方式有别

喜欢阅读的孩子，如何因材施教

现代家庭都非常注重孩子阅读习惯的培养，很多妈妈从孩子两三岁开始就进行亲子阅读。而喜欢阅读的孩子通常也具有诸多鲜明的特点：

√语言能力突出，词汇丰富，表达时准确生动且有条理，写作水平也较高；

√专注力方面表现出色，能长时间沉浸于阅读，在其他活动中也更易集中精力；

√想象力丰富，能根据文字描述在脑海中构建奇妙世界，创造力较强；

√知识储备丰富，对各领域知识都有涉猎，视野开阔；

√思维能力也较为出众，擅长分析、推理和判断，面对问题能独立思考并多角度解决；

√情感丰富细腻，易与书中角色产生共鸣，具备较强的共情能力。

此外，喜欢阅读的孩子通常有着旺盛的好奇心，对世界充满探索欲，自我管理能力也较好，能主动安排时间阅读，在阅读中自我约束、不断成长。

脑神经科学研究显示，喜欢阅读，并且持续阅读的孩子，其大脑胼胝体厚度比同龄人平均多15%，他们具备三重成长优势：

√跨时空联结力——比如读了《三国演义》，在面对校园冲突时可能就有更多办法解决；

√情绪解码力——比如读了《小王子》，自我疗愈能力更强了；

√概念迁移力——可以把抽象的概念转化为现实生活中的创意和智慧。

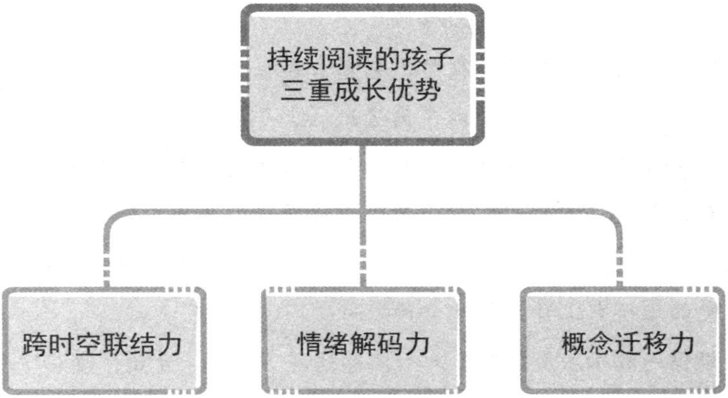

国内一所著名的心理研究所研究表明：日均阅读1小时的孩子，在跨学科问题解决测试中得分高出23%，这种优势在AI时代越发凸显。

晨晨从小就对书籍展现出浓厚的兴趣，还在牙牙学语时，他就喜欢拿着绘本，指着上面的图案，让爸爸妈妈读给他听。上小学后，晨晨的阅读热情越发高涨，每天放学回家都会主动拿起书阅读。

在众多图书类型中，晨晨对历史故事特别着迷。从《上下五千年》到《明朝那些事儿》，他一本接一本地读，还常常和爸爸妈妈分享他的读书心得，从三皇五帝的传说，到明朝的政治风云，他说得头头是道。

晨晨目前读小学五年级，他在阅读历史类图书时只单纯地记住了故事情节和历史人物，缺乏深入的思考和分析。意识到这种情况后，妈妈开始有针对性地引导他。每次晨晨读完一本历史书，都会和他一起讨论书中的人物和事件。有一次，他读完《三国演义》，妈妈问他：

“宝贝，你觉得曹操是个怎样的人呢？”晨晨一开始只说曹操很厉害，妈妈便引导他从不同角度思考，比如曹操的政治才能、用人之道以及性格特点等。经过讨论，晨晨对曹操的认识更加全面和深刻，他也逐渐学会了从多维度分析历史人物。

为了拓宽晨晨的阅读视野，妈妈会根据他对历史的兴趣，给他挑选一些相关的书籍，像《人类简史》（少年简装版），这本书从宏观的角度讲述人类的发展历程，和他之前读的具体朝代历史有所不同。妈妈对晨晨说：“宝贝，这本书会带你从一个全新的视角了解人类的过去，说不定会有很多新的发现哦。”晨晨读完后果然收获颇丰，他对历史的理解也上升到了一个新的高度。

妈妈还鼓励晨晨把自己的阅读感悟写下来。一开始，他写得很短，只有简单的几句话。妈妈鼓励他：“宝贝，你把自己对这个历史事件的独特看法写出来就好，不管写多少，都是你思考的成果。”慢慢地，晨晨的读书笔记越来越丰富，他的写作能力和思维能力也得到了很大的提升。

真正的阅读教育并非单纯填塞知识，重点在于培育孩子的思维能力，塑造其思考、分析与解决问题的能力。如果家有热爱阅读的孩子，父母可以从以下几个方面精准助力：

行动起来

1. 深度阅读引导

在孩子读完一本书后，家长可以选择一个安静舒适的环境，和孩子面对面坐下，开启轻松的讨论。家长可以从故事中的人物行为、情节发展等方面入手提问，引导孩子分析人物的动机、故事的合理性，鼓励孩子大胆发表自己的见解，培养他们的批判性思维和独立思考的能力。

话术示例

"宝贝，你刚读完这本童话，你觉得故事里的主人公这样做对吗？说说你的理由。"

"读完这本科学读物，你对里面提到的科学原理有什么疑问或者新的想法吗？我们一起讨论讨论。"

2. 拓展阅读领域

了解孩子的阅读偏好后，家长可以通过查阅书籍推荐榜单、咨询图书馆管理员或阅读专家，挑选与之相关但类型不同的书籍。比如孩子喜欢冒险故事，除了传统冒险小说，还可以选择历史冒险类、科幻冒险类书籍，拓宽孩子的阅读视野，让孩子接触到不同风格和题材的内容。

话术示例

“你喜欢科幻小说，这本《基地》系列从宏大的宇宙文明角度展开，和你之前读的科幻故事不太一样，你可以试试看。”

“你对动物科普很感兴趣，这本《昆虫记》从昆虫的微观世界展现大自然的神奇，相信你会喜欢。”

3. 鼓励阅读输出

当孩子读完一本书，家长可以先激发孩子的分享欲，如让孩子给家人讲故事，或者在家庭聚会时向亲戚朋友分享读书心得。对于年龄稍大的孩子，引导他们写读书笔记，记录好词好句、故事梗概以及自己的感悟，锻炼孩子的文字表达能力和逻辑思维能力。

话术示例

“宝贝，你把这个故事讲给弟弟妹妹听好不好？把你觉得有趣的地方详细地说出来。”

“读完这本书，你可以把印象最深刻的情节和自己的感受写下来，以后再看肯定很有意思。”

4. 组织阅读活动

家长要积极关注社区、学校或书店举办的读书分享会，提前和孩子一起准备要分享的内容，鼓励孩子勇敢展示自己。参观图书馆时，家长要引导孩子了解图书馆的分类体系，帮助孩子自主寻找感兴趣的书籍，感受浓厚的阅读氛围，培养孩子对阅读的热爱。

话术示例

“周末有个读书分享会，很多小朋友会分享自己喜欢的书籍，我们也去参加，你可以把你喜欢的历史故事讲给大家听。”

“我们去图书馆吧，那里有各种各样的书，说不定能找到你没读过的历史好书。”

5. 结合生活实践

在日常生活中，家长要善于发现书中知识与生活的联系。比如读到关于植物生长的知识，就和孩子一起在阳台种植植物，观察植物的生长过程；读到关于建筑结构的内容，带孩子去参观附近的特色建筑，让孩子直观感受知识的实用性，加深对书中内容的理解。

话术示例

“你在书里读到的这个物理原理，我们在家里做个小实验，看看是不是真的这样。”

“书里讲的这种植物，我们去公园里找找看，观察一下它的真实样子。”

喜欢表达的孩子，如何因材施教

喜欢表达的孩子，就像一个个活力满满的小太阳，他们的话语如同温暖的阳光，总能照亮周围的世界。这类孩子性格开朗、思维活跃，对生活中的点点滴滴都充满热情，并且乐于将自己的想法、感受和经历分享给他人。

喜欢表达的孩子，其大脑布洛卡区与韦尼克区的连接密度比同龄人高 20%，这种生理优势赋予了他们独特的成长优势：

√语义网络发达，词汇量积累比同龄小孩高出 50% 以上；

√社会性早慧，在社会交往中，能快速适应环境，擅长调解同伴矛盾；

√隐喻思维突出，在与人聊天时，不自觉地运用到比喻、拟人等修辞方法。

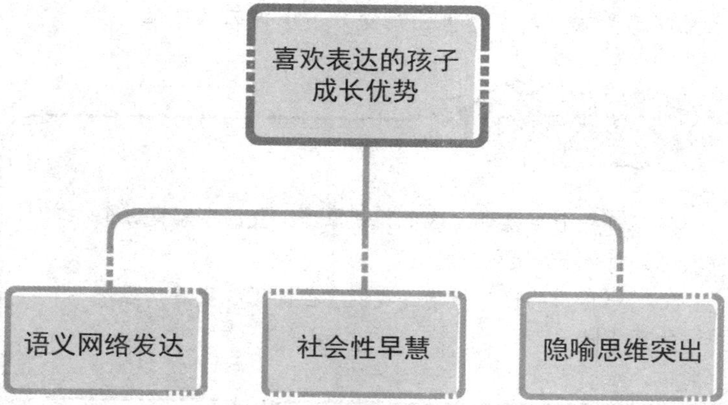

剑桥大学追踪研究发现，持续发展表达力的孩子，其批判性思维评估得分比同龄人高出 29%，这种能力在人工智能时代具有不可替代性。

珊珊是一名中学生，学习成绩在班里算不上突出，数理化的难题常常让她焦头烂额。然而，一旦站在舞台上，或是在人群中开口表达，她就像换了一个人。

校园文化节的消息传来，珊珊满心期待，她毫不犹豫地报名竞选主持人。准备竞选的日子里，她每日对着镜子反复练习，从发音、语调，到肢体动作，每个细节都认真雕琢。可在班级同学眼中，她不过是成绩不好想找点存在感，背后的议论声传入珊珊耳中，她心里一阵难过，却没有打退堂鼓。

竞选当天，珊珊身着整洁的白衬衫，面带自信微笑登上讲台。她的声音清脆悦耳，富有感染力，绘声绘色地讲述着对主持的热爱，以及对文化节的期待。评委老师被她的热情打动，可也有同学小声嘀咕："成绩不好，主持能好到哪儿去。"

尽管困难重重，珊珊还是成功入选。此后，为了不耽误学习，她每天早早起床背单词、做习题，利用课间向老师请教难题。晚上做完作业，便投入主持稿的准备。文化节当晚，舞台上的珊珊光芒四射，她妙语连珠，灵活应对各种突发状况，赢得台下阵阵掌声。

这次经历让珊珊明白，成绩并非衡量一切的标准，只要坚持热爱，勇敢表达，就能绽放属于自己的光彩。她也因此变得更加自信，在学习上也有了动力，因为她知道，在热爱的领域能做好，学习也同样可以。

对于喜欢表达的孩子来说，父母的因材施教至关重要，如果父母能够根据其优势进行引导和学业规划，不但能够让他们的表达天赋得到充分发挥，还能增加他们的自信心，帮助他们清晰认知自身价值。

行动起来

1. 逻辑思维训练

当喜欢表达的孩子与父母分享经历或观点时，父母可以拿出纸笔，和孩子一起梳理内容。比如孩子讲述学校活动，家长引导孩子按时间顺序，先列出活动开始前的准备，再写活动中的主要环节，最后是活动结束后的感受。通过这样的梳理，帮助孩子理解事情发展的先后顺序，构建清晰的逻辑框架，让表达更有条理。

话术示例

“宝贝，你刚才讲的这个经历很有趣，不过我们来想想，先发生了什么，然后又发生了什么，这样讲出来别人会更明白哦。”

“你说的这个观点很有意思，那你能说说为什么会这样想吗？把理由有条理地说出来。”

2. 丰富表达素材

了解孩子喜欢表达这个兴趣后，家长要多渠道收集素材，除了书籍、影视资料，还可以关注相关的公众号、科普博主等，这样一来，既可以帮助孩子积累素材，还能帮助孩子拓展知识面。

√在书籍方面，父母可以为孩子挑选经典的演讲集，如《名人演讲录》，让孩子领略不同领域杰出人物的精彩表达，从演讲稿结构、情感渲染等多方面汲取养分；

√影视资料同样魅力非凡。各类精彩的脱口秀节目，比如《吐槽大会》，演员们幽默风趣又逻辑清晰的表达，能拓宽孩子对语言节奏、笑点把控的认知；纪录片《地球脉动》，以震撼的画面和专业解说，不仅能丰富孩子的自然知识储备，还能让他们学习如何准确且富有感染力地讲述科普内容；

√互联网时代，公众号与科普博主是绝佳资源。像“演讲与口才”公众号，定期推送表达技巧文章、经典演讲案例分析，家长可筛选后与孩子分享，助力孩子提升表达能力。

家长用心收集这些素材，既能帮孩子积累大量表达素材，让孩子在表达时有“料”可说，又能极大拓展孩子的知识面，从人文社科到自然科学，全方位滋养孩子成长，让孩子在表达之路上越走越顺畅，绽放独特光芒 。

3．鼓励参与表达活动

家长要主动为孩子留意各类表达活动信息，如社区文化节的朗诵表演、线上演讲比赛等。在孩子准备过程中，家长要给予指导和支持，陪孩子反复练习，纠正发音、语调等问题，让孩子在实践中克服紧张情绪，提升表达能力。

话术示例

“学校有个演讲比赛，你平时表达能力这么强，去参加肯定能锻炼自己，妈妈相信你！”

“这个辩论社团很有意思，你可以去和其他小朋友一起讨论，在思维碰撞中提升表达能力。”

4．积极反馈与鼓励

孩子表达结束后，家长不仅要肯定优点，如 “你的用词很准确，让故事特别生动”，还要提出具体的改进建议，如“如果语速再慢一点，听众能更好地理解你的意思”。通过这样的反馈，让孩子明确努力方向，增强表达动力。

话术示例

“宝贝，你刚才讲的这个故事太精彩了，情节很吸引人，继续加油，你会讲得越来越好！”

“你的这次发言很有想法，表达也很清晰，妈妈为你骄傲，以后也要大胆表达自己哦。”

喜欢运动的孩子，如何因材施教

喜欢运动的孩子，就像充满活力的小猎豹，浑身散发着蓬勃的朝气。这类孩子通常身体素质良好，有着较强的耐力和爆发力，肢体协调能力出色，在各类体育活动中都能展现出积极的一面。

脑科学研究显示：喜欢运动，并且有规律运动的孩子，其前额叶与海马体体积比同龄人平均大 12%，他们具备三重独特优势：

√空间智能突出，比如能精准判断羽毛球落点轨迹；

√镜像神经元活跃，可以通过观察示范迅速掌握复杂动作；

√代谢适应性强，身体可以高效切换有氧和无氧供能系统。

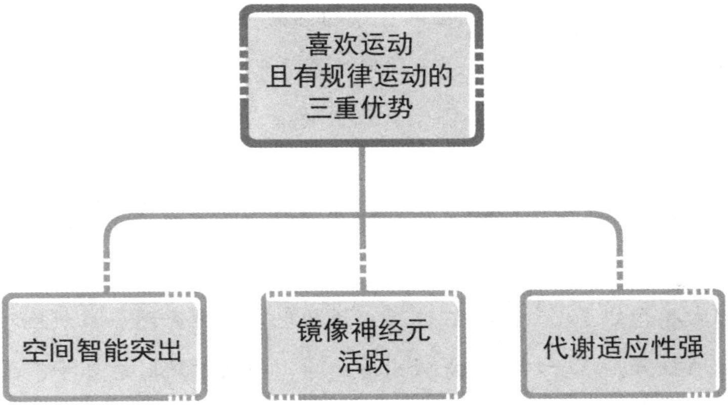

家有热爱运动的孩子，父母需要深刻理解运动对孩子身心发展的重要性，毫无保留地为孩子的爱好提供支持。一方面，为孩子精心准备运动所需的装备，如舒适的运动鞋、专业的运动护具等，为

孩子投身运动筑牢物质基础；另一方面，积极探寻专业的运动指导资源，比如为孩子联系经验丰富的教练，或报名口碑良好的运动培训课程。

此外，在因材施教的过程中，父母还要用心观察孩子在运动中的表现，精准把握孩子的身体条件、运动天赋以及性格特点，为孩子量身定制个性化的运动发展规划，挖掘他们的深层潜力。如此一来，孩子不仅能练就强健体魄，更能在运动中铸就坚韧不拔的品格，自信满满地在成长之路上阔步前行。

小勇是个刚上小学的孩子，自他第一次在电视上看到NBA比赛，便被那热血沸腾的场面深深吸引。从那以后，篮球成了他生活中不可或缺的一部分。每天放学后，小勇总会抱着篮球在小区的空地上练习投篮，小小的身影不知疲倦地奔跑、跳跃。

小勇的父母注意到了他对篮球的热爱，非常支持他。当得知CBA比赛在当地举行时，父母毫不犹豫地买了门票，带小勇去现场观看。

比赛那天，小勇兴奋得像只欢快的小鸟，一路上叽叽喳喳地说着自己喜欢的篮球明星和球队。走进球馆，现场热烈的气氛瞬间将他包围。观众们的欢呼声、呐喊声交织在一起，小勇的眼睛里闪烁着激动的光芒。

比赛开始了，球员们在球场上风驰电掣般地奔跑、激烈地对抗、精准地投篮，这一切都深深吸引着小勇，他紧紧地盯着球场，生怕错过任何一个精彩瞬间。

自从到现场看了CBA比赛后，小勇对篮球的热情更加高涨了。他每次观看完一场篮球比赛后，都认真地跟父母分享比赛中的每一个细节，还立志以后也要像那些球员一样，在球场上挥洒汗水。父母非常高兴，并鼓励他："只要坚持热爱，努力练习，梦想总会实现。"从那以后，小勇更加努力地练习篮球，心中那颗篮球梦想的种子，正在父母的支持下，慢慢发芽、生长。

行动起来

1. 专业技能培养

当孩子对某一项运动展现出浓厚且炽热的喜爱时，家长可以考虑为孩子报名一个专业培训班。这不仅是对孩子兴趣的有力支持，更是为孩子搭建了一座通往专业领域的桥梁。

长远来讲，即便孩子不走体育专业路线，这段经历也会成为宝贵的财富。运动中培养的自律习惯，会延伸到学习与生活其他方面，助力孩子合理规划时间，高效完成任务。

话术示例

“宝贝，你这么喜欢游泳，妈妈给你报个游泳培训班，让专业教练教你更标准的泳姿，好不好？”

“你对武术感兴趣，我们给你找个武术老师，系统地学习武术，肯定能让你变得更厉害。”

2. 团队协作引导

当鼓励孩子参加团队运动项目时，家长要提前向孩子讲解团队协作的重要性。比如在篮球比赛中，每个人都有不同的职责，只有相互配合才能发挥出团队的最大实力。在孩子参与团队运动的过程中，家长要关注他们与队友的互动情况，引导孩子学会倾听队友的意见，尊重他人的想法，共同为团队目标努力。

话术示例

“学校的篮球比赛快开始了，你和同学们一起组队参加吧，在比赛中要学会和队友配合哦。”

“这个接力赛需要大家齐心协力，你要和队友们互相鼓励，一起为了胜利努力。”

3. 挫折教育

孩子在运动中遭遇挫折时，家长首先要给予情感上的支持，理解他们的失落和沮丧。然后和孩子一起分析原因，是技术不够熟练，还是比赛心态不佳等。通过这样的分析，帮助孩子找到问题所在，制订改进计划，让孩子明白挫折是成长的必经之路，培养他们坚韧不拔的品质。

话术示例

“宝贝，这次跆拳道比赛没拿到好名次没关系，我们分析分析原因，下次继续努力，你一定可以的。”

“受伤了很难受吧，但这也是运动的一部分。等你伤好了，我们再继续训练，变得更强。”

4. 多样化运动体验

家长可以根据孩子的年龄和身体状况，选择不同类型的运动项目。比如对于年龄较小的孩子，可以选择跳绳、踢毽子等简单有趣的运动；对于年龄稍大的孩子，可以尝试射箭、滑雪等更具挑战性的项目。在孩子尝试新运动时，家长要给予他们充分的鼓励和指导，帮助他们克服恐惧心理。

话术示例

“宝贝，除了羽毛球，我们试试乒乓球怎么样？说不定你会发现新的乐趣。”

“你一直喜欢户外运动，这次我们去体验一下室内攀岩，挑战一下自己。”

5. 合理规划与平衡

家长和孩子一起制订运动计划时，要充分考虑孩子的学习任务和身体承受能力。比如每天安排1—2小时的运动时间，避免在考试期间过度训练。同时，家长要引导孩子合理分配时间，确保运动不会影响学习和休息，让孩子在健康运动的同时，保持良好的生活节奏。

话术示例

“今天的足球训练已经很辛苦了，我们休息一下，明天再继续，别让自己太累啦。”

“宝贝，运动很重要，但学习也不能落下。我们一起制订个时间表，让运动和学习都能安排得妥妥当当。”

对艺术敏感的孩子，如何因材施教

每个孩子都是独特的个体，而对艺术敏感的孩子，天生对美有着独特感知。一片落叶、一段旋律、一幅画作，都能让他们沉浸其中，展现出别样的热情。

脑科学研究发现，对艺术敏感的孩子，其大脑右侧颞顶联合区活跃度比同龄人高出很多，这种生理特质赋予他们三重核心优势：

√超常的感官统合力——比如他们能从一种艺术形态迅速联想到其他艺术形式；

√隐喻思维——比如他们在进行手工创作时，不局限于材料常规用途；

√情感解码能力——比如他们能通过艺术作品理解复杂人际关系。

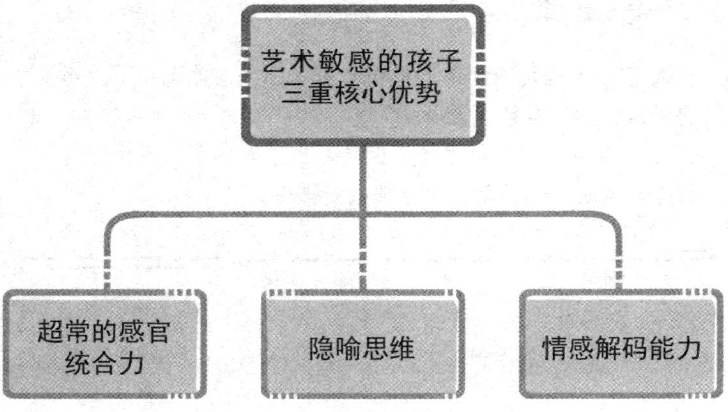

家中有对艺术敏感的孩子，父母对其因材施教更是十分关键。普通教育是提供基本养分的田野，而因材施教则是为他们打造的专属温室，让这些孩子的艺术天赋得以绽放。

不过，家长们需要注意的是：真正的艺术教育不是培养画家，而是呵护孩子独特的认知界面——正如草间弥生将童年幻觉转化为前卫艺术，每个艺术敏感的孩子都是未被破译的密码本。那些在画布上颤动的笔触、琴键上跳跃的指尖，终将在时光中显影为改变现实的精神力量。

行动起来

1．提供丰富的艺术资源

对于艺术敏感的孩子，家长要多带孩子参观艺术展览、博物馆，观看艺术演出等。接触多元艺术形式，能拓宽孩子视野，激发他们的艺术灵感。日常生活中，家长可以关注当地艺术活动信息，定期带孩子参与。

话术示例

“宝贝，下周有一场超精彩的印象派画展，好多大师的真迹都会展出呢！咱们一起去看看吧！”

“妈妈非常幸运地抢到了儿童话剧的门票，听说这次的舞台布置简直像梦幻的童话世界一样。还有你喜欢的艾莎公主，咱们一起去感受感受话剧表演的独特魅力，好不好？”

2. 鼓励自由创作

家长不要限制孩子的创作主题和形式，可以让他们自由发挥想象力。孩子在自由创作中，能充分表达他们内心的想法，挖掘自身的创造力。所以，家长不要对孩子的作品提过多要求，要以鼓励为主。

话术示例

“瞧，这盒水彩颜料送给你！你是想创作一幅神秘的太空冒险画，还是描绘一场奇妙的森林奇遇，都由你说了算！大胆地拿起画笔，把你脑海中的奇妙世界画出来吧！”

3. 给予积极反馈

家长要肯定孩子的努力和成果，指出作品中的闪光点。积极反馈能增强孩子自信心，让他们更有动力继续探索艺术。但家长的反馈要具体，不能只说“很棒”等笼统词汇。

话术示例

“宝贝，你这次画的小兔子太可爱啦！尤其是那对耳朵的线条，画得栩栩如生，感觉下一秒它就要蹦蹦跳跳起来了，你太棒啦！”

“你刚才唱歌的声音真好听，特别是那个高音部分，清脆又有穿透力，继续加油哦，未来的小歌唱家！”

4. 引导艺术鉴赏

家长可以和孩子一起欣赏艺术作品，讨论作品的特点和内涵，通过引导鉴赏，培养孩子的审美能力，学会从不同角度理解艺术。具体操作上，家长可以从孩子感兴趣的作品入手，慢慢深入讨论。

话术示例

“你看这幅画里的海浪，画家通过巧妙的笔触和色彩，把海浪汹涌澎湃的气势展现得淋漓尽致。要是让你来画海浪，你会选择用哪些颜色来表现呢？”

“这首曲子旋律优美，当你听的时候，脑海中浮现出了什么样的画面呢？是宁静美丽的花园，还是热闹繁华的都市？”

热衷科学探索的孩子，如何因材施教

在公园里蹲守蚂蚁洞的男孩，把玩具拆得七零八落却试图组装火箭的女孩，这些痴迷于探索科学世界的孩子，往往具备独特的思维特质。神经科学研究发现，热衷科学探索的孩子大脑前额叶皮层与顶叶区的联结更为活跃，这种生理特征赋予他们敏锐的观察力和强大的逻辑推理能力。这类孩子的优势，不仅在学科成绩上得以体现，更体现在塑造那些会影响其终身发展的核心素养方面。

热衷科学探索的孩子具有三重核心优势：

√系统化思维，他们善于构建实验模型；

√抗挫折能力，他们能将失败视为数据来源；

√跨学科联结力，他们能从化学实验联想到历史中的炼金术演变。

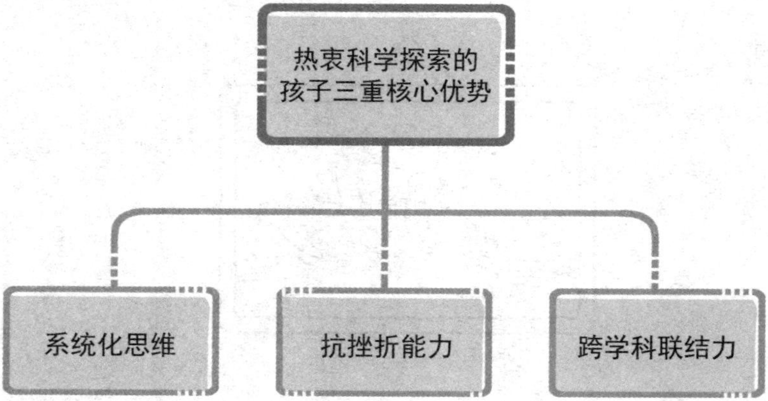

2019 年某心理研究所研究证实，持续进行科学探索的孩子，其空间推理能力比同龄人高出 37%，这在人工智能时代将成为关键竞争力。

石头从小就对周围的一切充满好奇，每次去科技馆、博物馆，他都兴奋得不得了，在各种展品前流连忘返，问个不停。

随着石头慢慢长大，妈妈发现他对物理实验特别着迷。有一次，带他参加社区组织的科学小实验活动，当看到老师通过简单的电路连接让小灯泡亮起来时，他的眼睛瞬间亮了起来，目不转睛地盯着老师的一举一动。回家后，他迫不及待地翻出家里的电池、电线和小灯泡，尝试自己连接电路。虽然一开始总是失败，但他却乐此不疲。

妈妈发现他虽然热情高涨，但对一些基础的物理知识理解并不深入，实验操作也不太规范。于是开始有针对性地引导他。为了让他系统地学习物理知识，给他买了一套适合孩子的物理科普书籍，里面有丰富的插图和有趣的实验案例。每天晚上，妈妈都会和他一起阅读，读到有趣的地方，会问他：“儿子，你想想，如果按照这个原理，我们能不能做一个更有趣的小装置呢？”通过这样的互动，石头对物理知识的理解越来越深入。

科学史上的重大突破往往始于童真的追问。当孩子执着于“星星为什么不会掉落”时，家长不妨递上三棱镜和伽利略传记。请记住：每个小科学家的探索欲都是人类文明的火种，家长的使命不是规定燃烧方向，而是提供足够的氧气，让这簇火苗自主照亮未知的疆域。正如费曼父亲教导他的那样：重要的不是记住恐龙的名字，而是理解世界如何运作的规律。这种思维模式的养成，将让孩子在未来任何领域都能破茧成蝶。

行动起来

1. 知识体系搭建

对于热衷科学探索的孩子，家长首先要深入了解孩子对科学领域的具体兴趣点，比如是对物理的力学、电学感兴趣，还是钟情于生物的动植物研究等。然后，通过咨询专业人士、参考权威科普网站推荐等方式，筛选出适合孩子年龄和认知水平的科普书籍与课程。在孩子学习的过程中，家长要定期与孩子交流学习心得，如果有能力，可以帮助他们梳理知识脉络，逐步构建完整的知识体系。

话术示例

“儿子，你对宇宙这么感兴趣，妈妈给你买了这套《宇宙奥秘探索》的书，里面有很多关于星系、黑洞的知识，你肯定会喜欢。”

“你想深入了解化学知识，我们给你报个线上化学启蒙课程，让专业老师带你探索化学的奇妙世界。”

2. 实践操作支持

家长为孩子准备实验器材时，要选择安全、易操作且符合实验内容的产品，并和孩子一起仔细阅读说明书，了解实验原理和步骤。在参观科研场所前，家长要提前查阅相关资料，向孩子介绍场所的研究方向和特色成果，让孩子带着问题去参观，提高参观的收获。通过实践操作，让孩子将抽象的理论知识具象化，加深对科学知识的理解。

话术示例

“儿子，妈妈给你买了一套化学实验套装，你可以按照说明书做各种有趣的实验啦。”

“周末我们去参观科研实验室，看看科学家们是怎么工作的，说不定能给你带来新的灵感。”

3. 鼓励创新思维

在孩子探索科学的过程中，家长要营造宽松自由的氛围，不轻易否定孩子的想法。当孩子提出独特观点时，即使看似不合理，家长也要耐心倾听，引导孩子深入思考，通过查阅资料、讨论分析等方式，验证想法的可行性，激发孩子的创新潜能。

话术示例

“宝贝，你对这个科学问题有什么不一样的想法吗？大胆说出来，说不定你能发现新的奥秘。”

“如果让你改进这个实验，你会怎么做呢？发挥你的想象力，我们一起试试看。”

4. 挫折应对引导

当孩子遭遇挫折时，家长要先给予情感上的安慰，让孩子明白：失败是科学探索的常态。然后和孩子一起回顾实验或研究过程，从实验步骤、操作细节、理论依据等方面查找问题，制订改进方案，鼓励孩子再次尝试，培养孩子面对挫折不屈不挠的精神。

话术示例

“这次实验没成功没关系，我们一起分析分析原因，说不定能发现新的问题，下次肯定能成功。”

“宝贝，遇到困难不要害怕，科学家们都是在不断失败中找到真理的，我们继续加油。”

5. 交流分享促进

家长要积极为孩子寻找科学兴趣小组、科技比赛等活动信息，鼓励孩子主动参与。在活动前，家长要帮助孩子整理要分享的内容；活动后，引导孩子总结收获，反思不足，通过与他人的交流互动，拓宽孩子的科学视野，激发孩子的学习热情。

话术示例

“学校组织了科学兴趣小组，你去和其他小朋友一起交流科学知识，肯定能学到很多新东西。”

“这个科技比赛很有意思，你去展示一下你的小发明，也看看其他小朋友的创意，互相学习。”

思维敏捷的孩子，如何因材施教

思维敏捷的孩子，仿佛拥有一台高速运转的超级计算机，总能快速地对各种信息进行接收、分析与处理。思维敏捷的孩子对知识的理解能力超强，能够举一反三，迅速抓住问题的关键。当老师刚抛出问题时，答案已在他们眼中闪烁；面对棋盘上的困局，他们总能从意想不到的角度破局。所以，无论是面对学习上的难题，还是生活中的突发状况，思维敏捷的孩子都能在短时间内做出反应，给出解决方案。

根据人类大脑的成像研究显示：思维敏捷的孩子其前额叶皮层与基底神经节的协同效率比同龄人高出很多，这种神经结构造就了他们三种独特的优势：

√元认知监控力——能清晰描述解题时的思维路径；

√概念迁移力——将数学归纳法应用于历史事件分析中；

√抗信息过载能力——在嘈杂环境中依然能保持专注。

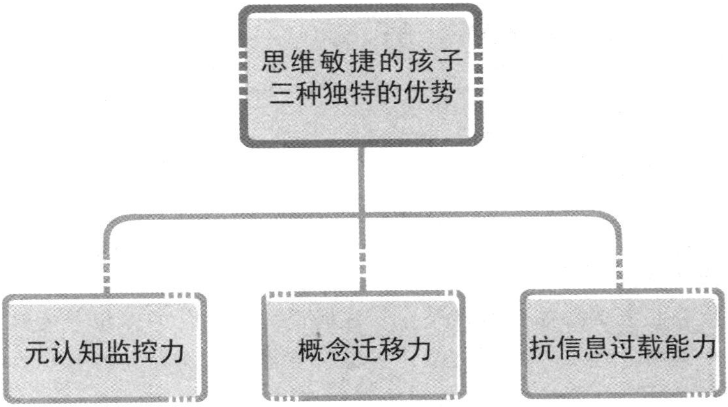

如果孩子的思维比较活跃，好奇心旺盛，对周围的一切都充满探索的欲望，那么家长一定要因材施教，为孩子制订持续思维训练的计划。

行动起来

1. 深度知识拓展

对于思维敏捷的孩子，家长可以先通过与孩子的日常交流、观察孩子阅读和探索的倾向，精准把握其兴趣领域。比如孩子热爱天文，除了常见的科普读物，还可参考专业天文论坛推荐，挑选如《通俗天文学》这类经典且深入的书籍。同时，家长可以关注线上专业课程平台，为孩子筛选适合其知识储备的进阶课程，定期与孩子探讨书中及课程里的难点，加深孩子对知识的理解。

话术示例

"宝贝，你对历史这么着迷，妈妈给你买了这套《全球通史》，里面有更深入的历史解读，相信你会喜欢。"

"你喜欢编程，这本进阶版的编程教材可以让你接触到更复杂的算法，挑战一下自己吧。"

2. 培养专注力

在日常生活中，家长可以设定特定的专注时间段，如每天安排 20 分钟的"专注学习时间"。开始前，和孩子一起清理桌面，只留下与当前任务相关的物品。当孩子在专注时间内完成任务，给予及时的肯定和小奖励。也可以通过玩像"舒尔特方格"这类经典的专注力训练游戏，定期进行练习，逐步提升孩子的专注能力。

话术示例

“宝贝，我们来玩个专注力游戏，在 10 分钟内专注完成这幅拼图，不能被其他事情打扰哦。”

“写作业的时候，把玩具和其他东西都收起来，只留下学习用品，这样就能更专注啦。”

3．鼓励创新应用

家长要善于发现生活中的契机，引导孩子运用知识。比如孩子学习了电路知识，就可以让孩子思考如何优化家里的照明线路布局。在孩子实践过程中，提供必要的工具和指导，即使孩子的想法不成熟，也不要急于否定，而是鼓励他们尝试，在实践中不断完善创新思维和解决问题的能力。

话术示例

“宝贝，你学了这么多数学知识，想想怎么用它来规划我们的家庭旅行预算呢？”

“你对绘画很有天赋，那能不能用绘画来设计一张环保宣传海报呢？”

4．挫折教育引导

孩子遭遇挫折时，家长首先要共情，理解孩子的沮丧情绪。然后和孩子一起分析失败原因，从知识掌握程度、解题思路、操作细节等方面入手，制订针对性的改进计划。比如孩子参加科技比赛失利，和孩子一起复盘比赛过程，找出作品的不足，鼓励孩子再次挑战，培养孩子面对挫折的坚韧心态。

话术示例

“这次数学竞赛没取得好成绩没关系，我们分析分析错题，看看还有哪些地方需要提高，下次肯定能行。”

“宝贝，这个科学实验失败了不要气馁，科学家们也是经过无数次失败才成功的，我们再试试其他方法。”

5. 多元兴趣引导

家长可以根据孩子的性格特点和现有能力，为孩子挖掘不同领域的兴趣点。例如性格开朗的孩子，除了擅长的体育领域，可鼓励其参加演讲、辩论等语言类活动；内向但逻辑思维强的孩子，引导其尝试编程、棋类等活动。通过多样化的尝试，让孩子发现更多的潜力，实现全面发展。

话术示例

“宝贝，你数学这么好，我们也试试音乐怎么样？说不定你在音乐方面也有天赋呢。”

“你喜欢文学创作，这次我们去参加一个机器人制作活动，体验一下科技的魅力。”

生活技能强的孩子，如何因材施教

生活技能强的孩子，就像一个个全能小能手，在日常生活中展现出超乎常人的自理与实践能力。这类孩子往往独立性强，有着良好的动手能力和解决实际问题的能力。他们能熟练地整理自己的房间，把物品摆放得井井有条；在烹饪、手工制作等方面也表现出色，面对生活中的小麻烦，总能凭借自己的能力轻松化解。

根据人类大脑的成像研究显示：生活技能强的孩子前额叶执行功能网络成熟度比同龄人高，这种优势外化为三大核心优势：

√空间规划智能强 —— 让衣物的存放与取用更加便捷高效；

√流程优化意识 —— 边洗碗边煮鸡蛋，提升效率；

√跨场景迁移力 —— 露营经验可转化为家庭应急管理。

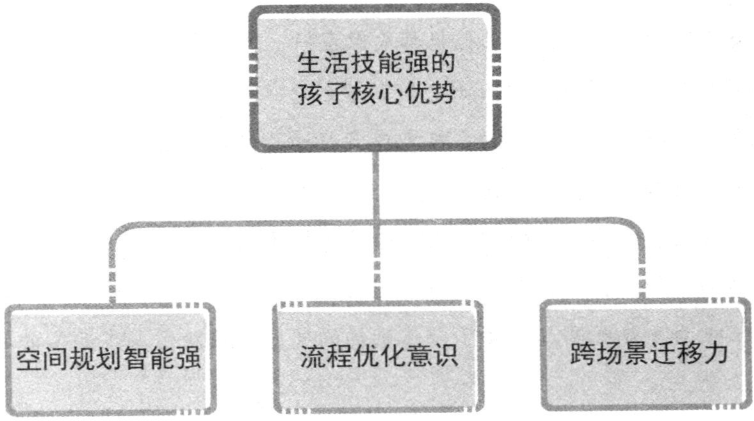

生活技能较强的孩子自信心通常较高，因为他们在一次次成功解决生活难题的过程中，不断积累成就感。同时，这类孩子的责任心也更强，懂得为自己的生活负责。

在繁华都市的一条热闹小巷口，每天傍晚都会准时出现一个灌饼摊。摊主是一位朴实憨厚的中年男人，而他身边那个忙前忙后的小男孩，是他12岁的儿子明明。明明身形结实，有着超乎年龄的成熟与干练。

夜幕降临，小巷里人来人往，灌饼摊前也逐渐忙碌起来。明明站在摊前，眼神专注，小手丝毫不慌乱。爸爸负责和面、擀面，明明则接过饼胚，熟练地烙起饼来，动作熟练，不慌不忙，还拿起铲子时不时为灌饼翻面。

人来人往的顾客对这父子俩并不陌生。明明正在上小学，每天放学他快速写完作业就帮爸爸出摊，他与爸爸配合十分默契。顾客们对明明的手艺都赞不绝口，有人好奇地问："这么小的孩子，怎么这么会烙饼啊？"爸爸笑着解释："这孩子从小就跟着我摆摊，看也看会了，还特别爱学，什么都上手快。"明明听了，也大方地回应："我已经跟爸爸出摊两年了，自己也挺喜欢做灌饼，还能帮爸爸忙。"

在忙碌的间隙，明明还会抽空帮爸爸收拾摊位，将用过的餐具清洗干净，摆放整齐。遇到年纪大或者行动不便的顾客，他会主动送饼过去，还细心叮嘱小心烫嘴。

在这条小巷里，明明和爸爸的煎饼摊不仅是美食的供应站，更是传递温暖的小窗口。明明用他超强的生活技能，成为爸爸最得力的助手，也为平凡的家庭增添了一抹别样的亮色，收获了众多顾客的喜爱与称赞。

当孩子能娴熟地给自行车补胎、为全家准备营养早餐时，这不仅是生活能力的展现，更预示着未来竞争力的雏形。对这类实操型孩子，家长的培育需突破传统家务训练框架，在真实场景中构建的思维力和良好品德，将生活技能转化为影响终身发展的核心素养。

行动起来

1. 知识生活融合

在日常生活中，对于生活技能强的孩子，家长要抓住各种时机引导孩子。比如在超市购物时，家长可以让孩子运用数学知识计算商品折扣后的价格；在观看天气预报时，可以引导孩子用地理知识理解天气变化原理。通过这些方式，让孩子真切感受到知识在生活中的广泛应用，从而激发学习兴趣。

话术示例

“宝贝，你这么会整理房间，那用数学知识算一算，怎么摆放家具能让房间看起来更宽敞呢？”

“你喜欢做饭，那在学习化学的时候，想想食物在烹饪过程中的化学反应是怎样的呢？”

2．拓展技能活动

家长要积极关注社区、学校或线上发布的各类生活技能活动信息，如手工制作、烹饪比赛、急救知识培训等。在孩子参加活动前，帮助孩子回顾和巩固相关技能知识；活动结束后，鼓励孩子分享收获和体会，进一步提升孩子的技能水平和综合素质。

话术示例

“社区有个修理小能手活动，儿子你可以去展示一下你的维修技能，还能学到新的知识哦。”

“这次户外露营活动，你可以把自己的户外生存技能都用上，和小伙伴们一起享受户外的乐趣。”

3. 思维迁移引导

当孩子成功解决生活中的问题，如修理玩具、规划旅行路线时，家长及时和孩子复盘，总结思维方法和步骤，然后引导孩子将这些方法运用到学习中，比如在做阅读理解时，像分析生活问题一样，先找出关键信息，再逐步推理答案，提高学习效率。

话术示例

“宝贝，你在解决生活难题时总是很有办法，那做数学题的时候，也像解决生活问题一样，想想从哪个角度入手。”

“写作文就像布置房间一样，要有条理，你先把想写的内容列个提纲，再慢慢丰富细节。”

4. 学业兴趣培养

家长要深入了解孩子的学习情况和兴趣爱好，若孩子对文学感兴趣，除了看纪录片写文章，还可以组织家庭诗歌朗诵会；若孩子喜欢科学实验，鼓励孩子参加学校的科技社团，与志同道合的同学一起探索，通过多样化的学习方式，让孩子主动投入学习。

话术示例

“你对历史故事感兴趣，我们一起看纪录片，然后把里面有趣的内容写成一篇小文章怎么样？”

“你喜欢做实验，那在科学课上，多动手操作，把实验结果记录下来，会发现科学很有意思。”

5. 品德素养培育

在家庭生活中，家长可以通过日常小事培养孩子品德。比如在家庭聚会时，让孩子帮忙布置餐桌、招待客人，培养其礼貌和热情；在孩子完成一项较难的任务时，鼓励孩子坚持，培养耐心和毅力，让孩子在品德素养的滋养下，更好地面对生活和学习。

话术示例

“宝贝，在和小伙伴一起完成任务的时候，要学会互相帮助，这样才能把事情做得更好。”

“做手工的时候要细心，每一个小细节都很重要，这样才能做出完美的作品。”

第五章

学习风格不同，
因材施教的教养方式有别

听觉主导型——鼓励孩子课堂积极发言

当其他孩子盯着黑板时，有的孩子闭着眼睛就能记住知识点；

在嘈杂的游乐场里，有的孩子能准确分辨出母亲呼唤的声音；

听到一首陌生的钢琴曲，有的孩子就能即兴哼唱出和弦走向。

这就是听觉主导型孩子与众不同之处。

听觉主导型孩子用他们独特的方式来感知世界，他们对声音极为敏感，相较于视觉信息，他们更容易记住和理解通过耳朵接收的内容。

脑科学研究显示：听觉型孩子的颞叶听觉皮层厚度比同龄人平均值要高，声波解码效率也高，这种与生俱来的天赋是礼物，需要家长用智慧的教育方案精心雕琢。

瑶瑶对各种声音充满好奇，听到鸟儿的叫声，会兴奋地去寻找鸟儿的踪迹；听到音乐，会不自觉地跟着节奏摇摆。她特别喜欢听故事，每天晚上都要听妈妈讲几个故事才肯入睡，而且听完后，能准确地复述故事内容。

可是，瑶瑶上小学后，妈妈发现她在课堂上总是很安静。家长会时，老师特意提到，瑶瑶学习很认真，知识掌握得也不错，但很少主动发言。妈妈问瑶瑶为什么不举手发言，她小声地说："我怕我说得不好，同学们会笑话我，而且我觉得自己的声音不够好听。"

为了帮助瑶瑶克服不敢发言的问题，妈妈开始尝试各种方法，发现瑶瑶很喜欢听广播剧，于是鼓励她模仿广播剧里的角色说话，感受不同的声音和表达方式。妈妈对她说："宝贝，你听这个广播剧里的角色声音多有趣呀，你也来试试，把自己当成这个角色，大胆地说出来。”慢慢地，瑶瑶变得敢大声表达了。

妈妈还和瑶瑶一起玩课堂模拟游戏，自己扮演老师，提出各种问题，鼓励她积极回答。一开始，她还是有些害羞，回答问题声音很小。妈妈就不断地鼓励她：“宝贝，你回答得太棒了，声音再大一点，让全班同学都能听到你的精彩回答。”在多次模拟后，瑶瑶的自信心逐渐增强。

当瑶瑶在学校有了一点点进步，比如主动举手回答了一个问题，妈妈都会给予她大大的肯定和奖励并开心地对她说：“宝贝，你今天在课堂上主动发言了，妈妈真为你骄傲！你看，勇敢表达自己是不是很棒？”通过这些努力，瑶瑶在课堂上越来越积极，逐渐克服了不敢发言的问题。

没错，听觉主导型孩子对声音捕捉能力较强，正因如此，周围环境中的细微声音容易吸引他们的注意力，如教室外的脚步声、空调运行声等，这就导致他们很难专注于学习内容，不过，在安静的环境中学习时注意力会相对集中。

听觉型孩子在课堂发言方面可能会面临一些挑战。尽管他们脑海里或许有着丰富的想法，但可能因为过于在意自己的表达是否准确，或者担心发言时声音不够动听，而不敢主动举手发言。他们会反复在脑海中预演发言内容，却迟迟不敢迈出那一步。

家长了解了听觉主导型孩子的特点，就可以有针对性地鼓励他们在课堂上积极发言，这对他们的成长和学习有着重要意义。

行动起来

1. 增强表达自信

对于听觉主导型的孩子来说，在日常交流中，家长要全身心投入倾听孩子的每一句话，用专注的眼神、点头等肢体动作给予回应，让孩子感受到被重视。家长不仅要夸赞孩子表达的内容，还要强调表达的方式，如“你讲故事时的语气很生动，把妈妈都带入到故事里了，这就是表达的魅力”，让孩子切实体会到表达的价值，逐渐增强自信心。

话术示例

“宝贝，你刚才给妈妈讲的这个故事太精彩了，要是在课堂上讲给同学们听，他们肯定也会很喜欢。”

“你唱歌的声音真好听，回答问题的时候也像唱歌一样自信，肯定没问题。”

2. 创造表达机会

在家里模拟课堂场景时，家长要精心准备问题，涵盖孩子感兴趣的各种领域，如动画片情节讨论、喜欢的玩具介绍等。在家庭会议中，鼓励孩子分享学校生活、自己的小秘密等，让孩子在轻松熟悉的环境中锻炼表达能力，逐渐克服紧张情绪。

话术示例

“现在我们来玩上课的游戏,老师提问啦,你快举手回答。”

“宝贝，家庭会议开始咯，说说你最近的想法和发现，大胆地表达出来。”

3. 榜样激励

榜样的力量是无穷的，对于听觉主导型孩子的教育来讲，父母除了分享名人故事，还可以挖掘身边人的真实经历，如小区里口才出众的小伙伴、积极发言受老师表扬的同学等。在讲述故事时，详细描述他们克服恐惧、积极表达的过程，让孩子明白勇敢表达能带来积极的改变，激发孩子表达的欲望。

话术示例

“你知道吗？爱迪生小时候也很害羞，但他勇敢地在课堂上表达自己的想法，后来成了伟大的发明家。你也可以像他一样哦。”

“隔壁的哥哥在课堂上总是积极发言，他的成绩越来越好，还交到了很多好朋友，你也试试，肯定能收获很多。”

4. 肯定与奖励

当孩子在课堂上积极发言后，家长的肯定要具体且真诚，如“你今天回答问题时逻辑很清晰，先阐述了自己的观点，又列举了例子，让老师和同学们都很信服”。奖励可以是孩子喜欢的小零食、一起做有趣的活动等，强化孩子积极发言的行为。

话术示例

“宝贝，你今天在课堂上回答问题很积极，妈妈奖励你去吃你最喜欢的冰激凌。”

“你这次发言思路很清晰，老师都表扬你了，继续保持，妈妈为你准备了一份小礼物。”

5. 引导克服恐惧

当孩子害怕发言时，家长可以先安抚孩子的情绪，给予温暖的拥抱或鼓励的话语。然后和孩子一起分析恐惧的原因，是害怕犯错，还是担心被嘲笑等。针对不同原因，提出具体的解决办法，如告诉孩子“犯错是学习的机会，同学们不会嘲笑你，反而会佩服你的勇气”，帮助孩子克服内心的恐惧。

话术示例

“宝贝，不要害怕同学们的看法，每个人都有表达自己的权利，勇敢地说出来，就算说错了也没关系。”

“你担心自己声音不够好，其实只要你自信地表达，声音就会很动听，大胆地举手吧。”

视觉主导型——借助游戏强化视觉

当老师讲解抽象概念时，有的孩子总是不由自主地在课本空白处涂鸦；

走过街角的面包店，橱窗里糖霜的纹理配色会让有的孩子驻足观看良久；

即便多年后回忆某个场景，有的孩子脑海中仍能浮现当时的色彩光影。

他们就是视觉主导型孩子。

脑科学研究显示，视觉主导型孩子的枕叶视觉皮层表面积比同龄人平均值高很多，视觉信息处理速度也更快。

视觉型孩子有着独特的认知世界的方式。他们在学习中的优势非常明显，对色彩、图像、文字等视觉信息敏感度高，在阅读时能快速抓取关键内容，对配有丰富插图的教材理解深刻，像地理、生物，这些学科常常配有解释性的图片，这在他们眼中条理更加清晰，记忆起来也更加牢固。在课堂上，板书、多媒体展示能牢牢吸引视觉主导型孩子的注意力，在做笔记时，他们擅长用图表、思维导图，将知识可视化，利于知识梳理与记忆。

然而，视觉主导型孩子在学习方面也存在不足。他们容易过度依赖视觉信息，若学习资料缺乏图像辅助，他们的学习积极性就可能受挫。在口头讲解时，也难以长时间集中注意力，像纯理论性课程，理解吸收会相对吃力。

此外，在语言表达、听力学习方面，视觉主导型孩子也表现欠佳，外语听力训练时，常因视觉主导思维，难以快速理解音频信息，口语表达也不如听觉型孩子流畅自然。

小枫是一名小学三年级的学生，他是典型的视觉主导型孩子。在课堂上，老师一旦使用 PPT 展示教学内容，小枫听得就特别认真。有次上科学课，老师讲解太阳系八大行星，还通过精美的图片呈现每个行星的外观特点。小枫觉得特别有意思，很快记住了木星的大红斑、土星的美丽光环等显著特征，在随后的课堂练习中，他凭借对图片的清晰记忆，迅速完成了作业。

在日常学习中，小枫对课本上的插画也格外留意。学习古诗时，课本上的配图帮助他迅速理解诗意。比如在学习《望庐山瀑布》这首诗的时候，课本中配了一幅气势磅礴的瀑布插图，小枫看到这个插图脑海中就瞬间浮现出诗句描绘的画面，这样不仅能很快背诵全诗，还能生动阐述诗句意境。

当然，视觉主导的特点也给小枫带来挑战。在练习英语听力时，由于缺乏视觉辅助，他很难集中精力，成绩就不太理想。英语老师发现后，建议小枫制作单词卡片，一面写英文单词，一面画对应的图案。小枫依此方法，英语成绩也逐渐提高。

作为家长，如果我们确定孩子在学习方式上属于视觉主导型，那么就可以帮助孩子找到提高学习成绩的突破口，以更好地助力他们的学习和成长。

行动起来

1. 找不同游戏

对于视觉型的孩子，家长可以从网络上精心挑选高清、色彩鲜艳且主题丰富的找不同图片，如童话场景、动物世界等。家长也可以准备一些实体的找不同游戏道具，像拼图卡片。游戏时，家长先和孩子一起观察图片，引导孩子从整体到局部，如先看画面的大布局，再聚焦到人物表情、物品细节等，鼓励孩子大胆说出自己找到的不同之处，培养孩子的视觉辨别能力和观察力。

话术示例

“宝贝，这里有两张漂亮的城堡图片，你快找找，它们有哪些地方不一样，看谁先找到。”

“这两张森林图片里藏着好多不同哦，你仔细观察，把它们都找出来，妈妈相信你可以的。”

2. 拼图游戏

根据孩子的年龄和能力，家长可以选择合适块数的拼图。低龄孩子可从5—10块的简单拼图入手，随着孩子能力提升，逐渐增加难度。在拼图过程中，家长要教导孩子先观察拼图整体图案，确定四个角和边缘的拼图块，再根据颜色、形状等特征寻找匹配的部分，锻炼孩子的视觉辨别能力和空间感知能力。

话术示例

“宝贝，我们来拼这个可爱的动物拼图，先找边缘的拼图块，看看能不能很快拼好。”

“这次我们挑战一个更难的风景拼图，你要仔细观察拼图块的形状和颜色，肯定能成功的。”

3. 视觉记忆游戏

摆放物品时，家长可以选择孩子熟悉且具有明显特征的玩具，如不同形状的积木、卡通玩偶等。展示图片时，选取内容丰富但不繁杂的图片，如水果摊、动物园场景图。游戏开始前，家长要提醒孩子集中注意力，观察物品或图片的细节，培养孩子的视觉记忆力和专注力。

话术示例

“宝贝，桌子上有这些玩具，你观察一分钟，然后闭上眼睛，妈妈拿走一个，你要说出少了什么哦。”

“这张图片里有很多水果，你看一会儿，然后告诉妈妈，都有哪些水果，考验你记忆力的时候到啦。”

4. 色彩分类游戏

家长可以准备各种颜色的物品，如彩色积木、毛绒球、塑料卡片等，先让孩子认识常见的颜色，如红、黄、蓝、绿等，再让孩子进行分类。家长还可以设定时间限制，增加游戏的趣味性和挑战性，强化孩子对色彩的感知能力和辨别能力。

话术示例

“宝贝，这里有好多彩色的积木，你把相同颜色的积木放在一起，看看谁分得又快又准。”

“这些卡片颜色各不相同，你来把它们按照红、黄、蓝等颜色分类，开始挑战吧。”

5．迷宫游戏

家长可以选择不同难度和风格的迷宫，如简单的直线型迷宫、复杂的曲线型迷宫，以及带有故事背景的主题迷宫。游戏时，家长要引导孩子用手指或铅笔沿着路线探索，教导孩子注意观察岔路口，提前规划路线，锻炼孩子的视觉追踪能力和空间认知能力。

话术示例

“宝贝，这个迷宫有点复杂，你用手指沿着路线走，看看能不能找到出口，相信你可以的。”

“我们比赛走这个迷宫，看谁先找到终点，你要集中注意力，观察好路线哦。”

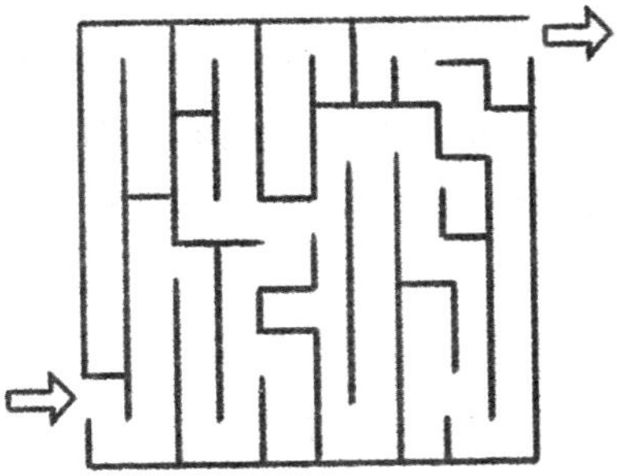

动觉主导型——多带孩子参加实践活动

写作业时，总是不自觉地摆弄手中的橡皮；

背诵课文时，需要在房间里来回踱步；

解答数学题时，要用积木搭建立体模型。

这就是动觉主导型孩子的日常表现。

脑科学研究显示，动觉主导型孩子的小脑体积比同龄人大，运动皮层与海马体的神经连接密度也高。

动觉主导型孩子仿佛天生就有使不完的活力，他们主要通过身体的运动和触摸来感知世界。这类孩子坐不住，总是喜欢跑来跑去，动手探索周围的一切。相较于安静地阅读或听讲，他们更擅长在实践和体验中学习知识、掌握技能。在课堂上，他们可能会不自觉地摆弄文具，或者在座位上扭来扭去，不是因为他们调皮捣蛋，而是他们的身体本能地需要通过运动来参与学习。

当接触新事物时，动觉型孩子会迫不及待地动手操作，用身体去感受和理解。比如看到一个新的玩具，他们不会先看说明书，而是直接上手摆弄，在摆弄的过程中发现玩具的玩法和奥秘。正因如此，多带他们参加实践活动，能充分发挥他们的优势，让他们在学习和成长中如鱼得水。

泽泽从小就一刻也闲不下来，在家里到处跑来跑去，对家里的各种物品都充满好奇，总是伸手去摸一摸、摆弄摆弄。上幼儿园后，这种好动的特点越发明显，别的小朋友能安静地坐在教室里听老师讲故事，泽泽却很难长时间保持安静，他的小手小脚总是不自觉地动来动去。

意识到泽泽的特点后，妈妈开始多带他参加各种实践活动。周末，妈妈会带他去参加户外拓展活动，比如攀岩。站在攀岩墙下，泽泽兴奋得眼睛放光，妈妈鼓励他：“宝贝，你看那面墙，就像一座神秘的山峰，你去征服它，妈妈在下面给你加油！”泽泽勇敢地向上攀爬，虽然中途有些害怕，但他凭借着自己的毅力和对运动的热爱，成功登顶。下来后，他兴奋地对我说：“妈妈，太好玩了，我还要再爬一次！”通过攀岩，泽泽不仅锻炼了身体，还培养了勇气和毅力。

为了锻炼泽泽的生活技能，妈妈会和他一起做饭，比如包饺子。一开始，泽泽包的饺子奇形怪状，但他乐此不疲，不断地尝试。妈妈

会在一旁耐心指导："宝贝，你看，先把饺子皮放在手心，然后放上馅料，再这样捏一捏。"慢慢地，泽泽包的饺子越来越像样。通过做饭，泽泽不仅学会了生活技能，还体会到了劳动的乐趣。

行动起来

1. 户外探险活动

家长可以带动觉型孩子多参加户外探险活动。例如，在参加攀岩活动前，家长要提前为孩子选择安全设施完备、有专业教练指导的场地；徒步旅行时，规划适合孩子体力的路线，提前准备好水、食物和急救包；露营则要教孩子如何选择露营地、搭建帐篷和辨别方向。这些活动能让孩子亲近自然，在挑战中锻炼体能和意志，培养解决问题的能力。

话术示例

"宝贝，周末我们去徒步旅行吧，沿着山间小路，看看能发现什么有趣的动植物，你肯定会喜欢的！"

"这次我们挑战露营，你可以自己搭帐篷、生篝火，体验一下野外生活的乐趣，是不是很期待？"

2. 科学实验活动

为动觉型孩子报名科技馆实验课程时，家长要根据孩子的兴趣和认知水平挑选合适的课程，如物理的电路实验、生物的植物生长观察等。参加社区小实验活动前，家长要鼓励孩子提前了解实验内容，准备一些自己的想法。在活动中，家长要引导孩子认真观察实验现象，积极思考原理，激发孩子的科学探索精神。

话术示例

“宝贝，科技馆有个有趣的化学实验课程，你可以亲手做实验，看看物质之间奇妙的反应，想去试试吗？”

“社区组织了科学小实验活动，你去和其他小朋友一起做实验吧，分享自己的发现，肯定很有意思。”

3. 手工制作活动

做陶艺时，家长要先让孩子了解陶艺的历史和制作流程，在专业老师指导下，从揉泥、拉坯开始练习，发挥想象力塑造造型。木工制作时家长要确保工具安全，然后引导孩子设计作品草图，按照步骤切割、打磨木材，培养孩子的创造力和动手能力。

话术示例

“宝贝，我们去陶艺工作室，用泥土做出你喜欢的小物件，看看你的创意能变成什么样子。”

“这次我们尝试木工制作，做一个属于自己的小书架，你可以设计它的样子，然后动手把它做出来。”

4. 生活技能实践

在孩子参与家务劳动时，家长可以让孩子从简单的扫地、擦桌子开始，逐步增加难度，如学习洗衣服、整理衣柜等。烹饪时，家长可以让孩子参与食材准备、调味等环节，讲解烹饪技巧和食品安全知识，培养孩子的生活自理能力和责任感。

话术示例

“宝贝，今天你来负责洗碗，看看能不能把它们洗得干干净净，妈妈相信你可以的！”

“我们一起做蛋糕吧，你负责搅拌蛋液，发挥你的动手能力，肯定能做出美味的蛋糕。”

5. 团队运动活动

孩子参加足球、篮球等团队运动时，家长要鼓励孩子积极与队友沟通，了解自己在团队中的位置和职责。接力赛中，家长可以强调团队配合的重要性，如交接棒的技巧和团队成员的默契培养，让孩子在运动中学会合作与竞争。

话术示例

“宝贝，学校的足球比赛要开始了，你可以和同学们一起组队参加，在球场上尽情奔跑，为团队争光！”

“这次接力赛很有趣，你和队友们要互相配合，发挥出自己的速度，加油哦！”

阅读写作型——创造阅读和表达的机会

当同龄人还在为造句苦恼时，他们已在笔记本上写满奇幻小说草稿；

面对纷繁信息，他们能迅速提炼出核心论点；

即便身处喧嚣，他们也能在书页间筑起思维城堡。

没错，这就是阅读写作主导型孩子的日常。

脑科学研究显示，阅读写作型孩子的左侧颞叶语言区灰质密度比同龄人高，布洛卡区与额叶的神经连接强度也会比同龄人高出很多。

阅读写作型的孩子，仿佛是天生的文字爱好者，他们对文字有着独特的感知和理解能力。这类孩子沉浸在书籍的世界中时，就像鱼儿游进了大海，自由自在且乐此不疲。他们能敏锐地捕捉到文字背后的情感和思想，无论是优美的散文、扣人心弦的小说，还是富含哲理的诗歌，都能引起他们强烈的兴趣。

在表达方面，他们有着强烈的欲望，渴望用文字来抒发内心的想法和感受。或许是记录生活中的点滴小事，或许是描绘脑海里天马行空的想象，他们总能用细腻的笔触和独特的视角，将自己的世界展现出来。

菁菁是一名小学五年级的学生，她从小就喜欢阅读，是典型的阅读写作型孩子。

菁菁非常喜欢语文，在课堂上，语文老师每次开展阅读分享活动，菁菁都格外兴奋。当老师要求阅读一篇短文并回答问题时，菁菁迅速沉浸其中，读完后，她举手发言，条理清晰地阐述文章主旨、分析人物特点，精准的理解让老师和同学们纷纷点头称赞。学习古诗词时，别的同学还在为理解诗意发愁，菁菁已通过反复诵读，在脑海中构建出诗中的画面，轻松背诵，并能准确解析诗词意境。

菁菁最爱待在学校图书馆里，她每周都要去图书馆好几次，穿梭在书架间，挑选出心仪的书籍，然后坐在角落静静阅读，忘却周围一切。

如果你家有一个阅读写作型孩子，那么作为父母，一定要让他的阅读和写作能力得到充分的发展，为他创造丰富的阅读和表达机会。

行动起来

1. 打造阅读环境

对于阅读写作型的孩子，家长要打造良好的阅读环境。家长可以选择家中光线充足、安静舒适的角落设置阅读角，比如靠近窗户的地方，摆放柔软的坐垫和矮书架。家长可以根据孩子的年龄和兴趣，挑选涵盖童话、科普、文学名著等多类型的书籍，定期更新书架。另外，家长可以在阅读角张贴孩子喜欢的卡通人物或阅读名言，营造浓厚的阅读氛围，激发孩子自主阅读的欲望。

话术示例

“宝贝，看妈妈给你布置的阅读角，这里有好多有趣的书，以后你可以在这里尽情地阅读啦！”

“我们一起整理这个阅读角，把你最喜欢的书放在最显眼的位置，这样你随时都能拿到。”

2．鼓励阅读分享

亲子共读结束后，家长可以用轻松的聊天方式引导孩子分享。比如，让孩子画出最喜欢的书中场景，再向家长讲解；或者模拟书中角色进行对话，让孩子扮演书中角色表达观点。通过这些互动，加深孩子对书籍内容的理解，锻炼语言表达和逻辑思维能力。

话术示例

“宝贝，你读完了这本故事书，最喜欢里面的哪个角色呀？和妈妈说说你的理由。”

“我们一起读了这本科普书，你学到了什么新知识，快和妈妈分享分享。”

3．培养写作习惯

家长要准备精美的日记本和彩色铅笔，从记录日常小事开始，如早餐吃了什么，和小伙伴玩了什么游戏。家长可以先示范写作，再引导孩子添加细节和感受。鼓励孩子用绘画为日记配图，增加写作的趣味性，逐步提升写作能力。

话术示例

“宝贝，今天发生了这么多有趣的事情，你把它们写在日记里，以后再看肯定很有意思。”

“你想象力这么丰富，编个有趣的故事写下来吧，说不定以后能成为大作家呢！”

4. 参加阅读写作活动

家长可以积极关注图书馆、社区、学校发布的活动信息，提前和孩子一起准备参赛作品。比如参加作文比赛，帮孩子确定主题、构思大纲，反复修改完善；参加朗诵会，指导孩子练习发音、语调、肢体动作，让孩子在展示中积累经验，提升读写和表达能力。

话术示例

“宝贝，图书馆有个故事大王比赛，你去参加，把你最喜欢的故事讲给大家听，肯定能行！”

“这次朗诵会很有意义，你可以选一首喜欢的诗歌，去台上朗诵，锻炼一下自己的表达能力。”

5. 生活中的文字运用

在日常生活中，家长可以创造各种文字运用场景，如开家庭会议时，让孩子记录会议内容；旅行前，让孩子写旅行计划。通过这些实践，让孩子意识到写作的实用性，提高写作积极性和应用能力。

话术示例

“宝贝，我们给爸爸写个便签，提醒他下班记得买水果，你来写，好不好？”

“母亲节快到了，你给妈妈写张贺卡，把你想对妈妈说的话写下来，妈妈肯定会很感动。”

群体型——寻找学习搭子一起进步

群体型孩子宛如天生社交家，社交天赋与团队协作能力突出。他们热衷于集体活动，在和同伴互动时，学习动力与积极性能够被充分激发。相比独自学习，群体环境更能让他们专注投入，享受团队交流、解决问题的过程。

学习新知识时，他们乐于和身边的人讨论，在观点碰撞中加深对知识的理解。例如课堂小组讨论，他们能迅速融入，积极发言，汲取灵感完善思路。对这类孩子而言，找到合适的学习搭子是发挥优势的关键，志同道合的伙伴能助力他们在学习道路上加速成长。

轩轩幼儿园时就是群体中的活跃分子，每次集体活动都积极参与，和同伴配合默契。

上小学后，轩轩在学习上也展现出群体型特点。一次老师布置科学小课题，需自主探究并完成报告。轩轩回家就联系同学，分工明确，有的查资料，有的做实验，他负责整理汇报。整个过程中轩轩干劲十足，和小伙伴交流不断，最终课题报告完成出色。这时，妈妈发现给轩轩找合适的学习搭子，能助力他学习进步。

意识到轩轩的特质后，妈妈先和老师沟通，了解班上同学情况，老师推荐了几个兴趣相投、学习能力相当的同学。妈妈跟轩轩说："宝贝，妈妈和老师聊过，有几个同学和你一样爱探索科学知识，你们组个学习小组，互帮互助，一起进步，好不好？"轩轩兴奋点头。

为营造良好学习氛围，妈妈周末组织学习聚会，准备学习资料和零食，让他们在轻松的环境中交流。一次聚会，大家讨论数学难题，起初都很困惑，经交流尝试最终找到解法。妈妈鼓励道：“你们太厉害了，靠团队攻克难题，继续加油，以后能解决更多难题！”

除了同学，妈妈还通过家长群和社区活动，帮轩轩结识校外学习伙伴。社区组织历史知识竞赛，轩轩和新伙伴组队参加，一起查资料、互相提问背诵，取得了不错的成绩。通过这些学习搭子和团队活动，轩轩学习兴趣渐浓，成绩也有明显提升。

行动起来

1. 借助学校资源

对于群体型的孩子，家长可以和老师沟通，了解班级同学情况，寻找兴趣与能力匹配的学习搭子。老师熟悉学生，家长借此能精准找到志同道合的伙伴，如孩子喜欢数学，可从老师推荐的数学好且兴趣相同的同学中挑选，组成小组攻克难题、分享技巧，共同进步。

话术示例

“宝贝，老师说有同学和你一样爱画画，你们要不要交流下绘画技巧，互相学习，认识一下？说不定能从彼此的作品中获得灵感，还能提升绘画水平。”

“妈妈和老师聊过，班上有几个同学数学很棒，你们可以组成学习小组，一起探讨难题，进步肯定快。思维碰撞能找到巧妙解题思路，还能培养团队合作能力。”

2. 利用社交平台

通过家长群、学习社区等社交平台，家长可以为孩子找校外志同道合的学习伙伴。如今社交平台便捷，如学习社区能找到兴趣一致的伙伴，这些渠道都能拓宽孩子社交圈，带来不同学习视角与方法。

话术示例

“宝贝，妈妈在家长群找到和你一样喜欢英语的小朋友，你们可以一起练口语，分享学习资料，比如互相批改作文，能够提升英语水平哦。”

“这个学习社区有很多爱学习的小伙伴，你去交流交流，说不定能找到一起学编程的搭子，探讨代码逻辑，分享项目经验，共同成长。”

3. 组织学习聚会

家长可以定期在家中或户外组织学习聚会，给孩子和学习搭子提供交流机会。学习聚会能营造轻松的氛围，让孩子摆脱在学校的紧张感，自由交流想法。家长可以在家中设学习区、放置资料文具，户外可选公园、图书馆等地方，激发孩子学习热情。

话术示例

“宝贝，周末邀请学习小伙伴来家里做科学实验，分享学习心得，怎么样？一起动手操作、观察现象、讨论原理，知识记得更牢。”

“这次去公园组织学习聚会，边享受自然，边和小伙伴讨论语文作文，肯定有意思。在自然环境中，思路更开阔，说不定能写出更有文采的作文。”

4. 参加兴趣小组

家长可以鼓励孩子参加学校或社区的兴趣小组，在活动中结识学习搭子。兴趣小组基于共同兴趣组建，孩子能结识同好。在小组中，大家目标一致，通过合作完成任务，能够增进友谊，提升学习效果。

话术示例

“宝贝，学校书法兴趣小组开始报名了，你去参加吧，说不定能认识一起练字、互相鼓励的好朋友，共同进步，还能培养耐心和专注力。”

“社区阅读兴趣小组每周有活动，你去和其他小朋友阅读、分享，能找到学习搭子。交流对书籍的理解和感悟，能拓宽阅读视野，丰富知识储备。”

5. 引导团队合作

在生活中，家长要引导孩子和学习搭子进行团队合作，完成学习任务或项目。团队合作能锻炼孩子沟通、协调和领导的能力，让孩子学会倾听、发挥优势、解决问题，加深彼此友谊。

话术示例

“宝贝，你和小伙伴一起完成这个历史手抄报，分工合作，发挥各自优势，肯定非常出色。比如有的同学负责文字，有的负责绘画，齐心协力，能创作出精彩的手抄报。”

“你们几个学习搭子可以一起策划环保宣传活动，运用所学知识，一起讨论方案、制作海报，传播环保理念，在实践中提升自己。”

个体型——鼓励孩子自我探索

个体型孩子就像独特的探险家，习惯按自己的节奏和方式认知世界，有着强烈的独立意识和自驱力。他们不爱依赖他人引导，更倾向独自思考、尝试解决问题。面对新事物，好奇心驱使他们主动探索，即便遇到困难也偏爱独自寻找答案。

这类孩子享受独立思考，在自己的小世界自由想象、创造。比如搭积木时，不参照现成模型，而是依自己的想法搭建独特作品。对他们而言，鼓励自我探索如同助力成长的翅膀，能让他们在知识与生活的海洋里尽情遨游，挖掘自身潜力。

可可从小个性就与众不同。别的小朋友爱围在老师身边听故事，可可却常独自在角落摆弄玩具，专注于探索玩具的玩法。上幼儿园后，她也更愿独立完成任务，画画时从不模仿他人，随心创作。

有一次，幼儿园布置了用废旧物品做小物件的手工任务。可可一回家就钻进房间，翻出废旧纸盒、塑料瓶便捣鼓起来。妈妈想帮忙，但她认真地说："妈妈，我想自己做，我有好多想法呢。"几小时后，可可兴奋地拿着用塑料瓶做的小台灯跑出来，虽说做工粗糙，但创意满满。

发现可可的特质后，妈妈积极鼓励她探索。她对天文感兴趣，妈妈便买了天文望远镜和相关书籍，没直接教她使用和阅读方法，而是说："宝贝，这是探索宇宙的工具和钥匙，你自己去发现宇宙奥秘，妈妈相信你能找到很多有趣的东西。"可可好奇地开始自己研究望远镜用法，对照书籍观察星空，还常兴奋地和妈妈分享新发现。

为给可可创造更多探索机会，妈妈带她去了科技馆、博物馆，让她在丰富的展品中自由探索。在科技馆，面对新奇的科学装置，妈妈鼓励她：“宝贝，这些装置很神奇，你自己试试，看看能发现什么科学原理。”可可在科技馆一待就是一整天，认真观察、操作，不断提问并自己找答案。

可可探索遇到困难时，妈妈不直接帮忙，而是引导她思考。有一次她做简易音乐盒总失败，很沮丧。妈妈安慰她：“宝贝，遇到困难很正常，想想之前做手工遇到问题是怎么解决的，换个思路说不定就能成功。”在妈妈的引导下，可可重新思考，最终成功做出音乐盒。

行动起来

1. 提供探索资源

对于个体型孩子，家长要依据孩子的兴趣提供丰富的书籍、工具和材料，奠定探索基础，提供的资源能满足求知欲，激发探索热情。如给爱画画的孩子提供多样的画笔、颜料和绘画教程，让他们尝试不同笔触、色彩搭配与绘画技巧；给对机械原理感兴趣的孩子机械组装模型，助其在实践中理解抽象知识。

话术示例

“宝贝，你喜欢画画，妈妈买了新画笔、颜料和绘画教程，尽情去探索绘画的世界吧。试试用不同的画笔勾勒线条，调配独特的色彩，参考教程技巧，看能否创作出独特的作品。”

“你对机械原理感兴趣，这有套机械组装模型，你可以尝试自己动手组装，观察零件作用和连接方式，说不定能发现机械运转的奥秘。”

2. 创造探索空间

家长要给孩子留出独立的空间和时间自由探索尝试。独立的空间和时间能让孩子摆脱外界干扰，沉浸在探索世界中，充分发挥想象力与创造力。不管是搭积木还是做小实验，都需要这样的自由空间。

话术示例

“宝贝，今天下午的时间都归你，在自己的小天地里，不管是搭积木还是做小实验，尽情发挥创意，妈妈期待你的成果。”

“周末没其他安排，你可以在家好好研究喜欢的昆虫标本，仔细观察它们的形态、结构，说不定有意外发现哦。”

3. 引导思考方法

孩子遇到问题时，家长要引导其思考解决办法，而非直接给答案。引导孩子思考能锻炼他们的思维能力，让孩子学会独立解决问题，这是自我探索的关键能力。通过回忆经验、尝试不同方法，孩子就能找到解决问题的路径。

话术示例

“宝贝，拼图遇到困难了，想想之前找规律的方法，换个角度试试，比如从边缘开始或按颜色分类，总能找到突破口。”

“科学实验失败了也没关系，想想实验步骤有没有问题，或者换材料试试，回忆每一步，看是否操作不当，也许会有新发现。”

4．鼓励创新尝试

家长要鼓励孩子大胆尝试新方法、新思路，发挥创造力。创新是自我探索的核心，鼓励突破常规，能发现新的可能，培养独特思维。搭积木不按说明书，写作文尝试不同的叙事方式，都能激发创造力。

话术示例

“宝贝，搭积木别按说明书，发挥想象，把积木拼成想象的形状，加点装饰，创造独特的城堡。”

“这次写作文，大胆尝试不同叙事方式，比如用倒叙开头，或从不同人物视角讲故事，展现独特创意。”

5．肯定探索成果

肯定能让孩子感到自己的努力得到了认可，更有动力继续探索。所以，当孩子取得探索成果时，家长要及时肯定和鼓励，增强自信心，例如完成手工艺品、找到数学题独特解法时都值得肯定。

话术示例

“宝贝，你靠自己完成这个手工艺品，太厉害了！努力探索就有收获，这件手工艺品满是你的创意和努力，独一无二，妈妈为你骄傲。”

“你这道数学题的解法很有创意，是自我探索的成果，继续保持，独特思维会让你学习进步更大。”

第六章

教育场景不同，因材施教的教养方式有别

学业压力大到崩溃，弹性方案是救星

在竞争激烈的学习环境下，孩子们面临着前所未有的学业压力。大量的作业、频繁的考试、家长和老师的期望，像一座座大山压在孩子稚嫩的肩膀上。长期处于这种高压状态，孩子可能会出现焦虑、失眠、注意力不集中等问题，严重时甚至会情绪崩溃，对学习产生抵触心理。

弹性方案则是应对这些问题的有效方式。它强调根据孩子的实际情况和需求，灵活调整学习计划、时间安排以及学习方式，让孩子在适度的压力下高效学习，保持身心健康。

浩浩正读初中，学习成绩一直不错。但最近这学期，随着课程难度增加，作业量也越来越大，浩浩明显变得疲惫不堪。每天晚上都要熬夜到很晚才能完成作业，早上又要早早起床去上学。

有一天，妈妈下班回家，发现浩浩坐在书桌前，对着作业本发呆，面前的作业几乎没动。妈妈关切地问他怎么了，他突然情绪崩溃，大哭起来："妈妈，我太累了，作业太多了，我根本做不完，感觉自己怎么努力都不行。"看着孩子满脸的泪水和疲惫，妈妈心疼极了。

为了缓解浩浩的压力，妈妈和浩浩一起重新规划了学习时间。不再按照传统的时间表，从早到晚安排得满满当当，而是根据他的生物钟和学习效率，将学习时间分成几个小块，中间穿插适当的休息时间。比如，他晚上 8—9 点效率最高，就把最难的数学作业安排在这个时间段。妈妈对他说："宝贝，我们把学习时间灵活安排一下，这样你既能学得好，又不会太累，你觉得怎么样？"

针对浩浩觉得作业太多的问题，妈妈和他一起梳理了作业清单，按照重要程度和难易程度进行分类。先完成重要且紧急的作业，对于一些重复性的作业，如果他已经掌握得很好，就和老师沟通，看看能不能适当减少。妈妈跟老师解释："老师，浩浩最近压力太大了，有些作业他已经很熟练了，能不能少做一点，让他有时间巩固其他薄弱的知识点。"老师也很理解，同意了请求。

经过一段时间的调整，浩浩的状态明显好了很多。他不再像以前那样疲惫和焦虑，学习效率也提高了。

当孩子学习压力大时，尤其是即将中考和高考时，家长一定要及时给予孩子引导和支持，因为孩子正处于身心快速发展的阶段，稚嫩的肩膀难以独自扛下学业重负。长期处于高压状态，可能损害他们的心理健康，焦虑、抑郁等情绪问题容易乘虚而入，影响日常的学习与生活状态。

行动起来

1. 灵活时间规划

如果孩子学习压力大，家长可以观察孩子一周内不同时间段的精神状态和学习表现，以此来确定孩子的生物钟规律。比如，发现孩子上午思维活跃，下午容易困倦，就将难度较大的学科安排在上午，下午学习时穿插一些轻松的阅读或实践活动。休息时间可安排简单的拉伸运动，缓解身体疲劳，让孩子在后续学习中保持良好状态。

话术示例

"宝贝，你早上记忆力好，我们把英语单词背诵安排在这个时候，下午学累了就休息半小时，晚上再攻克数学难题。"

"我们来制订一个新的时间表，把学习时间分成小段，每学 45 分钟就休息 10 分钟，这样你能保持更好的状态。"

2. 任务分类减负

家长可以在和孩子一起梳理作业和学习任务时，用不同颜色的笔标记出重要紧急、重要不紧急、紧急不重要、不重要不紧急的任务。对于已掌握的知识点对应的重复性作业，家长要鼓励孩子主动与老师沟通，说明情况，争取用更有针对性的拓展练习代替，把时间花在提升薄弱环节上。

话术示例

“宝贝，我们看看这些作业，先把明天要交的数学作业完成，其他的作业我们再根据你的掌握情况来安排。”

“你对这个知识点已经很熟悉了，这部分重复性作业我们和老师商量一下，能不能不做，把时间用来做更有挑战性的题目。”

3. 多样化学习方法

在引导孩子尝试制作思维导图时，家长可以先示范如何将知识点进行分类整理、构建逻辑框架。组织小组讨论时，家长可以帮孩子邀请志同道合的同学，提前确定讨论主题和规则。通过角色扮演学习历史事件时，家长可以让孩子深入了解角色背景，增强学习的趣味性和参与度，找到最适合自己的学习方式。

话术示例

“宝贝，我们试试用角色扮演的方式来学习英语对话，这样既有趣又能记得牢，你演游客，我演路人。”

“下次你和同学一起讨论语文作文时，可以多听听大家的想法，说不定能打开思路，比自己一个人想更有效果。”

4. 合理情绪宣泄

当孩子因学习压力大而情绪低落时，家长可以陪伴孩子一起运动，如打羽毛球、骑自行车等，在运动中引导孩子释放压力。对于喜欢音乐的孩子，为其创建专属的减压歌单。写日记时，家长要鼓励孩子把内心的困惑、焦虑都表达出来，帮助孩子调节情绪，保持积极的学习心态。

话术示例

“宝贝，压力大的时候就去跑跑步，把烦恼都跑掉，回来再学习会轻松很多。”

“你把心里的烦恼写在日记里，把不开心都发泄出来，心情就会好起来啦。”

5．建立奖励机制

家长的奖励要根据孩子的兴趣爱好来设置，除了看电影、吃冰激凌，还可以奖励孩子喜欢的书籍、文具或者一次短途旅行。在孩子完成任务后，家长要及时给予奖励并肯定他们的努力，如“你这段时间学习特别认真，这次进步是你应得的，继续加油”，让孩子感受到努力带来的成就感，增强学习动力。

话术示例

“宝贝，你这次数学考试进步很大，妈妈奖励你周末去看你喜欢的电影。”

“你按时完成了这周的学习任务，真厉害，我们一起去吃你最爱吃的冰激凌。”

兴趣班选择不纠结，“黄金三角法则”直接封神

孩子成长中，兴趣班的选择让不少家长头疼。市面上兴趣班种类繁多，涵盖艺术、体育、学科拓展等多个领域，让人目不暇接。随意给孩子报名，不仅浪费时间和金钱，还可能磨灭孩子的积极性。

“黄金三角法则”是解决这一难题的好办法。该法则包含孩子的兴趣爱好、天赋潜能和未来发展三个关键要素。从兴趣出发，能激发孩子的主动性；挖掘天赋潜能，助力孩子在擅长领域取得成绩；考虑未来发展，为孩子的长远成长助力。三者相互关联，构成稳固的“黄金三角”，帮家长精准选择适合孩子的兴趣班。

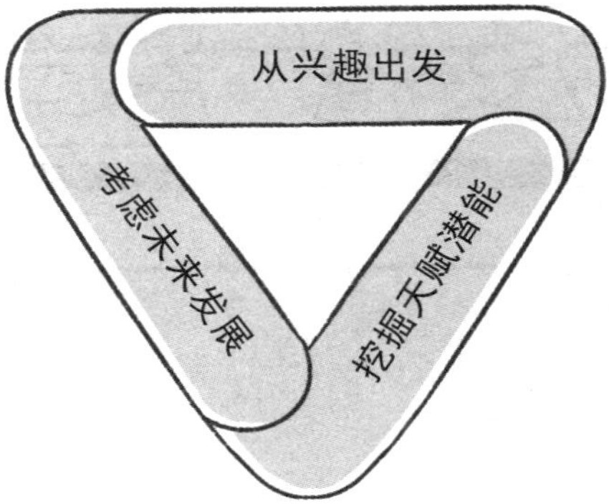

丰丰上小学后，身边家长纷纷给孩子报兴趣班。看到别的孩子多才多艺，丰丰妈妈很着急，可面对五花八门的兴趣班，却不知如何选择。

妈妈觉得绘画能培养创造力，就给丰丰报了绘画班。但几节课后，丰丰就没了兴趣，每次上课都很不情愿。问她原因，她委屈地说："妈妈，我不喜欢画画，坐在那里好无聊。"后来，看到小区里很多孩子学舞蹈，身姿优美，妈妈又心动了，给丰丰报了舞蹈班。然而，没上多久，丰丰就抱怨身体太累，每次练习基本功都疼得直哭。

两次尝试失败后，妈妈决定用“黄金三角法则”重新为丰丰选兴趣班。妈妈开始留意丰丰的日常行为，发现她特别喜欢唱歌，每次听到音乐都会跟着哼唱，节奏感也很强，脸上满是开心，这表明她对音乐兴趣浓厚。

妈妈注意到丰丰唱歌时音准把握得好，学新歌曲也快，这让妈妈觉得她在音乐方面或许有天赋。从未来发展看，音乐不仅能陶冶情操，还能为孩子提供展示自我的机会，比如参加学校文艺活动、比赛等。综合考虑这三点，妈妈打算给丰丰报声乐兴趣班。

报名前，妈妈和丰丰认真地商量：“宝贝，妈妈发现你特别爱唱歌，而且唱得好听，给你报个声乐班，让专业老师教你，你愿意吗？”丰丰兴奋地跳起来：“真的吗？妈妈，我太愿意了！”

行动起来

1．深度挖掘兴趣

要用“黄金三角法则”，家长就要留意孩子日常生活中的行为，从他们的喜好里发现兴趣点。比如孩子周末爱涂鸦，或者对音乐类玩具感兴趣，家长可借此引导孩子表达对相关领域的喜爱。

话术示例

“宝贝，妈妈发现你总摆弄小乐器，是不是对音乐感兴趣呀？你看你一玩起来就停不下来。”

“你天天都画画，是不是特别喜欢？我们去了解下绘画兴趣班，说不定能学到更多有趣的技巧。”

2. 精准识别天赋

家长可以通过观察孩子在活动中的学习速度和表现水平，判断其天赋所在。比如孩子初次接触轮滑就能很快掌握平衡，或者做数学题时对数字敏感、解题速度快，这些细节都能体现天赋倾向。

话术示例

“宝贝，你学轮滑学得这么快，平衡感又强，说不定有体育天赋，我们看看足球、篮球这类体育兴趣班，你想试试吗？”

“你对数字敏感，做题又快又准，可能有数学思维天赋，要不要了解下奥数兴趣班，挑战更难的题目，锻炼思维。”

3. 长远规划发展

家长要结合社会需求、行业前景和孩子未来发展方向，筛选兴趣班。科技发展迅速，编程、人工智能前景广阔；全球化进程中，外语能力也很重要。家长可从这些角度引导孩子思考。

话术示例

“现在科技发展快，编程很重要，以后机会多，要不要试试编程兴趣班？学会了说不定能自己设计小游戏。”

“学外语对以后学习和工作有帮助，我们看看英语兴趣班怎么样？以后就能和世界各地的人交流，了解不同文化。”

4. 试听体验感受

确定几个意向兴趣班后，家长可以带孩子去试听，让他们亲身感受课程内容和氛围。比如试听舞蹈课时，孩子能跟着老师舞动，感受舞蹈的快乐；试听书法课时，能体验毛笔书写的感觉，判断自己是否喜欢。

话术示例

“宝贝，我们去试听这个舞蹈课，跟着老师跳一跳，感受下跳舞的乐趣，看看喜不喜欢，说不定还能发现舞蹈天赋呢。”

“这个书法班不错，我们去试听，体验下写毛笔字的感觉，要是喜欢就报名，感受笔墨在纸上写出漂亮汉字的成就感。”

5. 尊重孩子意愿

最终的兴趣班选择家长要尊重孩子的想法，让他们有自主选择权。孩子试听不同兴趣班后，家长要耐心询问感受，鼓励孩子表达最想报名的课程。

话术示例

“宝贝，绘画班和书法班你都试听了，更喜欢哪个呢？妈妈听你的，你觉得哪个氛围或课程内容更吸引你？”

“这几个兴趣班你都了解了，想报哪个就告诉妈妈，不管你怎么选，妈妈都支持你，因为这是你的选择。”

电子产品的差异化管理策略，轻松拿捏“熊孩子”

在数字化时代，电子产品如智能手机、平板电脑、游戏机等，已成为孩子们生活中的一部分。这些产品既为孩子的学习和娱乐提供了便利，也带来了诸多挑战。孩子的自控能力较弱，若缺乏有效的管理，很容易沉迷其中，影响视力、学习成绩以及社交能力的发展。

不同年龄段的孩子，对电子产品的需求和认知水平不同，这就需要家长采取差异化的管理策略。低龄孩子可能更多将电子产品当作新奇玩具，而年龄稍大的孩子则可能用于学习、社交或游戏。只有根据孩子的特点制订管理方案，才能在让孩子享受电子产品带来的益处的同时，避免其负面影响。

明明今年上小学五年级，随着学习任务的加重，老师会在手机学习软件上布置作业，家里也给明明配备了平板电脑。一开始，明明妈妈以为这能帮助他更好地学习，可没想到问题接踵而至。

自从有了平板电脑，明明一拿到它就被各种游戏和动画片吸引。每次完成作业后，他总是忍不住玩游戏，原本规定的半小时娱乐时间，常常被他延长到一两小时。明明妈妈多次提醒，他却总是敷衍了事，继续沉浸在游戏世界里，这导致他的学习成绩有所下滑。

于是，明明妈妈开始仔细观察明明的行为习惯和使用电子产品的规律。妈妈发现，明明在完成作业后，需要一定的放松时间，但他缺乏时间观念和自控力。于是，妈妈决定和孩子一起制订一个合理的电子产品使用规则。

妈妈和明明坐下来，认真地谈了一次。妈妈说：“宝贝，妈妈知道你学习很辛苦，完成作业后玩会儿平板可以放松一下。但是现在你玩的时间太长了，对眼睛和学习都不好。我们来定个规矩，每天完成作业后，可以玩 30 分钟游戏或者看动画片，时间一到，就必须把平板交给妈妈，你能做到吗？”明明一开始有些不情愿，但看到妈妈严肃的表情，还是点头答应了。

为了让明明更好地遵守规则，妈妈还给他准备了一个小闹钟，让他自己设定时间。每次时间到了，闹钟一响，明明就主动把平板给妈妈。

行动起来

1．制定清晰规则

控制孩子对电子产品的使用，家长要根据孩子的年龄，结合日常学习和生活节奏，制定细致规则。比如对于低龄孩子，每天仅允许在特定时段，如晚饭后完成简单任务后，使用 15 分钟电子产品观看教育类动画；对于年龄稍大的孩子，周末可适当延长至 45 分钟用于玩益智游戏，但禁止在学习时间使用。规则制定后，家长可以与孩子一起讨论并明确违反规则的后果，如减少下次使用时长，确保孩子理解并认同。

话术示例

“宝贝，你现在上小学了，每天只能在完成作业后看 20 分钟动画片，这是我们的约定哦。”

“周末你可以玩 45 分钟游戏，但只能在下午玩，这样既不影响学习，又能让你放松。”

2. 设置时间提醒

家长可以选择孩子喜欢的闹钟或定时器款式，如卡通造型的电子闹钟、趣味语音定时器等。在设置时间时，家长可以让孩子参与操作，增强他们的自主感。当提醒响起时，若孩子拖延，家长要温和但坚定地执行规则，如陪孩子一起关闭设备，避免孩子产生抵触情绪。

话术示例

“宝贝，我们把闹钟定好，30 分钟后闹钟一响，你就要把手机放下，去做其他事情啦。”

“这个定时器很有趣，你自己设定 15 分钟玩平板的时间，时间到了它就会发出可爱的声音提醒你哦。”

3. 引导合理使用

家长可以在应用商店精心筛选适合孩子年龄和兴趣的学习、益智软件，如针对喜欢绘画的孩子的绘画创作软件，对热爱数学的孩子的趣味数学解题 App。安装后，家长要陪孩子一起探索软件功能，如一起做科学实验 App 里的小实验，激发孩子的学习兴趣，让他们主动将电子产品用于有益的学习活动。

话术示例

"宝贝，这个数学益智游戏可好玩了，你玩的时候还能学到数学知识，比玩那些打打杀杀的游戏有意义多了，试试吧。"

"你不是喜欢科学小实验吗？这个科学探索 APP 里有好多有趣的实验视频和知识讲解，你在平板上就能探索科学的奥秘啦。"

4. 培养自控能力

家长要建立丰富的奖励体系，除了户外活动、小贴纸兑换玩具，还可以奖励孩子喜欢的书籍、参加兴趣班的机会等。当孩子遵守规则时，家长要及时给予肯定和奖励，如"你这周严格遵守使用时间，非常自律，这是你努力的成果"；若孩子违反规则，家长要冷静沟通，引导孩子反思，帮助他们下次做得更好。

话术示例

"宝贝，如果你这周都能按时遵守平板使用时间，周末妈妈就带你去公园玩，你要加油哦。"

"要是你今天主动在规定时间放下手机，妈妈就奖励你一个小贴纸，集满 10 个小贴纸就可以兑换你喜欢的玩具啦。"

5. 增加亲子互动

家长要提前规划户外活动，如周末安排爬山、野餐等，准备好所需物品。亲子游戏可选择孩子喜欢的，如角色扮演、搭积木比赛等。在活动和游戏中，家长要全身心投入，与孩子充分互动，让孩子感受到陪伴的乐趣，自然能减少对电子产品的依赖。

话术示例

“宝贝，今天天气真好，我们一起去骑自行车吧，比在家玩平板有趣多了。”

“周末我们来玩家庭版的猜谜语游戏，爸爸妈妈和你一起玩，肯定比玩手机有意思。”

性格缺陷别闹心，正面转化技巧“神助攻”

性格在孩子的成长过程中扮演着极为关键的角色，它不仅影响着孩子的人际交往，还对孩子的学习态度、未来的职业选择乃至一生的幸福有着深远影响。然而，不少孩子在成长阶段会显露出一些性格缺陷，比如胆小怯懦、过度自负、自私任性等。这些性格缺陷若得不到及时引导和转化，可能会成为孩子成长道路上的绊脚石。

性格并非一成不变，通过恰当的方法和持续的努力，性格缺陷是能够被正面转化的。掌握正面转化技巧，就如同为孩子的成长注入一股强大的动力，帮助他们克服性格短板，塑造更加健全、积极的人格。

儿子满满今年上四年级。满满一直是个聪明伶俐的孩子，可他有个让妈妈十分头疼的性格缺陷——胆小怯懦。在学校里，他总是不敢主动发言，即使知道答案，也会因为害怕出错而不敢举手。和同学们一起玩耍时，他也总是跟在别人后面，不敢主动参与游戏策划，要是遇到一点小冲突，他就会选择退缩。

有一次学校组织演讲比赛，老师鼓励满满参加，说他的表达能力其实很不错，只要勇敢尝试，肯定能取得好成绩。可满满一听，连忙摇头拒绝，小声说：“妈妈，我不敢，我怕在台上忘词，同学们会笑话我。”看着满满满脸的恐惧和不自信，妈妈心里很不是滋味。

为了帮助满满克服胆小怯懦的性格，妈妈开始尝试各种正面转化技巧。妈妈深知鼓励和肯定对孩子的重要性，所以当满满有任何一点点勇敢的表现时，妈妈都会及时给予表扬。有一次，满满主动帮老师分发作业本，妈妈知道后，开心地对他说：“宝贝，你今天主动帮老师做事，真的很勇敢，老师肯定也觉得你特别棒！”满满听了，脸上露出了自豪的笑容。

周末，妈妈带他去参加社区组织的亲子活动，活动中有一个小小的才艺展示环节。妈妈鼓励满满：“宝贝，你不是很喜欢唱歌吗？今天就在大家面前展示一下，妈妈相信你可以的，就算唱得不好也没关系，勇敢站上去就是胜利。”一开始满满还是有些犹豫，但在妈妈的不断鼓励下，他终于鼓起勇气走上台，唱了一首儿歌。虽然声音有点小，但他成功地完成了表演，台下的观众都为他鼓掌。

当满满因为害怕而想要退缩时，妈妈会引导他正确看待失败和错误。有一次，满满参加学校的绘画比赛，他担心自己画得不好，不想参加。妈妈对他说：“宝贝，每个人都会有画得不好的时候，这很正常。参加比赛不是为了一定要拿奖，而是为了锻炼自己。就算这次画得不满意，我们也能从中学到很多东西，下次肯定会画得更好。”在妈妈的开导下，满满放下了顾虑，积极参加了比赛。

行动起来

1. 及时肯定鼓励

对于有性格缺陷的孩子，在日常生活中，家长要时刻留意孩子的积极行为，不仅关注行为结果，更要重视行为过程。比如孩子主动帮忙做家务，家长可以说“宝贝，你主动洗碗，动作还很熟练，帮妈妈减轻了不少负担，妈妈特别感动”，用具体的语言描述孩子的努力和成果，让孩子明确知道自己的行为被认可，增强他的自信心和自我价值感。

话术示例

“宝贝，你今天主动和邻居小朋友打招呼了，真有礼貌。”

“你这次考试遇到难题没有放弃，一直努力思考，这种坚持的精神太棒了，继续保持哦！”

2. 创造锻炼机会

家长要深入了解孩子的性格特点。如果孩子内向害羞，除了鼓励参加朗诵社团、志愿者活动，家长还可以带孩子参加亲子社交聚会，让孩子在轻松的氛围中锻炼与人交流的能力。活动前，家长和孩子一起做好准备，如准备自我介绍、了解活动流程，帮助孩子克服紧张情绪。

话术示例

“宝贝，学校的朗诵社团开始招人了，你去试试吧，这是锻炼你表达能力和胆量的好机会。”

“周末我们一起去参加志愿者活动，你可以和不同的人交流，肯定能让你变得更开朗。”

3. 引导正确看待失败

当孩子因害怕失败而退缩时，家长先给予情感上的支持，如一个温暖的拥抱或鼓励的话语，能够让孩子感受到被理解，然后和孩子一起分析失败的原因，制订改进计划，如孩子参加比赛失利，和孩子探讨比赛中的表现，找出不足之处，鼓励孩子再次尝试，让孩子明白失败是成长的必经之路。

话术示例

“宝贝，比赛输了没关系，重要的是你在比赛中努力了，还收获了很多经验，下次肯定能做得更好。”

“这次考试没考好，我们一起分析原因，把不懂的地方学会，下次就能进步啦，不要因为一次失败就灰心哦。”

4. 树立榜样示范

家长在日常生活中要以身作则，面对困难时展现坚韧不拔的品质，如工作中遇到难题不抱怨，积极寻找解决办法。同时，家长要借助身边的正面榜样，如邻居家积极向上的孩子、励志的名人故事等，和孩子一起讨论榜样的优点，引导孩子学习。

话术示例

“宝贝，你看隔壁的哥哥，面对困难从不害怕，总是勇敢地去尝试，我们要向他学习哦。”

“妈妈小时候也很胆小，但是通过不断挑战自己，现在变得很勇敢，你也可以像妈妈一样哦。”

5．耐心倾听沟通

当孩子因性格问题产生困扰时，家长可以停下手中的事情，专注地倾听孩子的倾诉，用眼神交流、点头等方式给予回应。家长不要打断孩子，让孩子充分表达内心想法和感受。倾听结束后，家长可以与孩子一起分析问题，提供切实可行的建议，帮助孩子解决困扰。

话术示例

“宝贝，你看起来不太开心，是不是在学校和同学相处遇到问题啦？和妈妈说说，妈妈帮你想办法。”

“你因为不敢参加活动而难过，妈妈理解你。你把心里的害怕都告诉妈妈，我们一起看看怎么克服它。”

深陷社交问题，定制化解决方案来救场

在孩子的成长旅程中，社交能力宛如一座桥梁，连接着他们与周围的世界，是孩子心理健康和未来发展的重要支撑。拥有良好社交能力的孩子，能在群体中自然地展现自己，收获珍贵的友谊，懂得合作与分享的乐趣，内心也会充满自信与归属感。然而，现实中许多孩子会遭遇各种社交问题，这些问题如同荆棘，遍布在孩子的成长之路上。

社交问题的表现形式丰富多样。有些孩子性格内向，在社交场合中如同受惊的小鹿，不敢主动与他人交流，集体活动时总是默默蜷缩在角落，害怕成为众人瞩目的焦点；有些孩子则过于以自我为中心，行事只考虑自己的需求和感受，在集体中显得格格不入，难以融入群体；还有些孩子缺乏有效的沟通技巧，遇到矛盾时容易情绪激动，导致与同伴的关系陷入僵局。

倘若这些问题得不到及时解决，孩子在校园生活中会常常感到孤独无助，长期的压抑还可能影响他们未来人际交往模式的形成。所以，为孩子量身定制社交解决方案，已成为家长们亟待关注的重要任务。

女儿晓妍刚上初一。晓妍一直是个安静的孩子，以前在小学时，靠着几个从小玩到大的朋友，日子还算快乐。但进入初中后，面对新环境和新同学，晓妍的社交问题逐渐暴露出来。

有一天晚上，晓妍做完作业后，突然放下笔，一脸沮丧地对妈妈说："妈妈，我觉得在学校好孤单，同学们好像都不喜欢我。"原来，

在课间休息时，同学们常常聚在一起聊天、玩游戏，晓妍却总是不知道该怎么加入他们，只能一个人坐在座位上。课堂小组讨论时，她也不敢大胆表达自己的观点，担心自己的想法会被同学嘲笑。

不久前，学校组织了一次班级文艺汇演，要求每个小组出一个节目。晓妍所在的小组打算表演小品，在讨论剧情和角色分配时，晓妍有自己的想法，可她几次欲言又止，最终还是没有说出口。等到排练时，她发现小组的安排和自己设想的相差甚远，心里很不舒服，却又不知道该怎么和同学们沟通。结果，节目排练效果不佳，小组同学还互相埋怨，晓妍觉得自己被孤立了。

为了帮助晓妍改善社交状况，妈妈根据她的性格特点和实际情况，采取了一系列定制化的方法。妈妈深知晓妍需要提升社交技巧，便经常和她一起看一些社交主题的电影和电视剧，看完后，她们会一起分析剧中人物的社交方式，探讨哪些做法是值得学习的。妈妈对晓妍说："宝贝，你看电视剧里的那个姐姐，她在和新同学相处时，总是带着真诚的微笑，主动分享自己的兴趣爱好，所以很快就和大家打成一片了。我们也可以试试，下次遇到同学，主动和他们聊聊你喜欢的书籍，说不定能找到志同道合的朋友呢。"

当晓妍和同学发生矛盾时，妈妈会引导她站在对方的角度去思考问题，学会有效沟通。有一次，晓妍和同桌因为借用文具的事情产生了误会，两人闹得很不愉快。妈妈对晓妍说："宝贝，你先冷静下来，想想如果你是同桌，当时为什么会那么做呢？然后找个合适的时机，心平气和地和同桌说说你的感受，把误会解开。"晓妍听了妈妈的话，主动和同桌沟通，原来只是一场小误会，两人很快就和好如初了。

行动起来

1. 社交技巧指导

家长可以借助电影、电视剧、故事书等媒介，向有社交问题的孩子传授实用的社交技巧，比如微笑、主动问候、真诚赞美等。

话术示例

“宝贝，你看这本故事书里的小男孩，每次见到小伙伴都会微笑着说‘你好’，大家都觉得他特别亲切。下次见到同学，你也笑着打个招呼，给大家留下好印象。”

“电视剧里的姐姐发现同学新换的发型很漂亮，马上真诚地赞美了她，两人的关系一下子就拉近了。我们也要学会发现别人的优点，及时赞美，这样别人会更愿意和我们做朋友。”

2. 创造社交机会

家长可以依据孩子的兴趣爱好，为孩子创造参加社团活动、兴趣班、社区活动等社交机会。

话术示例

“宝贝，学校的音乐社团正在招人，你一直喜欢唱歌，去报名参加吧，在那里你能结识很多热爱音乐的同学，一起排练、演出，肯定很有趣。”

“周末社区有亲子运动会，有很多小朋友参加，你可以和他们组队比赛，不但能结交新朋友，还能锻炼团队合作能力呢。”

3. 引导沟通理解

当孩子与同伴发生矛盾时，家长要引导他们换位思考，运用平和的语言沟通，共同寻找解决问题的办法。

话术示例

“宝贝，你和好朋友闹别扭了，别着急。先想想如果你是他，当时的心情会是怎样的？然后找个时间和他好好聊聊，说出你的想法，也听听他的感受，我相信你们一定能和好的。”

“在小组合作中，大家有不同意见很正常。你可以先耐心听完别人的想法，然后有条理地说出自己的观点，一起商量出最好的方案，这样既能解决问题，又能增进和同学的关系。”

4. 增强自信鼓励

家长要及时肯定孩子在社交中的积极表现，鼓励他们大胆尝试，不断提升社交自信。

话术示例

“宝贝，你今天主动邀请同学一起跳绳了，做得太棒了！继续保持这样的热情，你会发现身边的朋友越来越多。”

“你在这次社团活动中勇敢地发表了自己的见解，得到了大家的认可，你看，只要勇敢表达，就能收获掌声。以后也要这样自信哦！”

5. 角色扮演练习

通过角色扮演，家长可以模拟各种社交场景，让孩子在实践中熟练运用社交技巧，应对可能出现的问题。

话术示例

“宝贝，我们来玩个角色扮演游戏，你扮演新转来的同学，我扮演你的同桌，你想想怎么和我打招呼，介绍自己，让我快速喜欢你。”

“假设你在参加兴趣班时，遇到了一个很聊得来的同学，你想和他成为好朋友，我们来模拟一下接下来你们的交流，看看你能不能成功。”

第七章

因材施教，提供多元化学习资源和机会

多方面拓展孩子的阅读资源

在孩子的成长过程中，阅读是认知世界、获取知识、提升思维的重要途径。一本好书如同钥匙，能开启孩子的智慧之门，助其在知识海洋遨游。阅读能丰富孩子的词汇量，提升语言表达能力，培养想象力与专注力，为他们的未来发展筑牢根基。

不过，要让孩子充分享受阅读乐趣，挖掘阅读价值，丰富多元的阅读资源不可或缺。单一阅读材料易让孩子感到枯燥，而多样化资源能契合孩子不同阶段、兴趣的需求，持续激发他们的阅读热情。

女儿彩彩刚上小学三年级，她自幼就对阅读兴趣浓厚。小时候，每晚睡前妈妈都会给她读绘本，那些色彩缤纷、故事有趣的绘本，总能让她听得入神。

随着彩彩长大，妈妈发现她对阅读的需求在变化，家中绘本已无法满足她的好奇心，她渴望更丰富、有深度的内容。于是，妈妈决定多方面拓展她的阅读资源。

一次，妈妈带彩彩去图书馆参加亲子阅读活动。在图书馆，她被琳琅满目的书籍吸引，兴奋地在书架间挑选。那次活动，她不仅读了有趣的故事书，还接触到科普、历史类书籍，打开了新世界的大门。回家后，彩彩兴奋地说："妈妈，今天在图书馆看到好多没看过的书，原来世界上有这么多有趣的知识！"看到她眼中的光芒，妈妈知道拓展阅读资源是正确的。

但仅靠图书馆不够，彩彩喜欢动物，妈妈便网购了一系列动物科普杂志和漫画书。书到家后，她迫不及待打开阅读，进行分享："妈妈，原来小熊猫和大熊猫不是同一科，小熊猫好可爱！"

行动起来

1. 利用公共资源

在我们生活的城市，基本都有几个不错的图书馆，带孩子去图书馆，不失为一件一举多得的美事。踏入图书馆，静谧的氛围瞬间将外界的喧嚣隔绝，一排排书架整齐排列，像知识的宝库等待被开启。在这里，孩子能沉浸在书籍的海洋，从童话到科普，从历史到文学，自由探索兴趣所在。

图书馆还会定期举办阅读分享会、亲子活动，为孩子提供交流展示的平台，锻炼表达与社交能力。

话术示例

"宝贝，周末去图书馆，那里书多，你能挑喜欢的，说不定还能发现宝藏书！图书馆还有阅读分享会，能和小朋友交流读书感受。"

"今天的分享会居然是你喜欢的西游记主题，怎么样，一会儿主持人提问的时候，你准备发言吗？"

2. 订阅报刊杂志

家长可以根据孩子兴趣订阅适龄报刊杂志，为孩子精心构筑一座知识的补给站。报刊杂志紧跟热点和前沿知识，从宇宙探索的最新发现，到社会民生的百态万象，从科技创新的前沿成果，到文化艺术的多元魅力，都能一一呈现在孩子眼前，以丰富鲜活的内容拓宽孩子的视野，打破书本知识的局限，让他们与时代脉搏同频共振。而且，定期收刊如同一场场神秘又充满惊喜的约会，在等待中，孩子对阅读满怀期待，每一次新刊的到来都能激发他们探索的热情，在翻阅间，阅读的习惯悄然扎根，知识储备也在日积月累中愈发深厚，为孩子的成长注入源源不断的精神力量。

话术示例

“宝贝，你喜欢科学，妈妈给你订了《我们爱科学》，每月都有新科学故事和实验，还有小实验能自己做，很有趣！”

“你爱漫画，妈妈订了《儿童漫画》，里面故事有趣，还能提升绘画灵感，每月收到新杂志就像收小惊喜。”

3. 线上阅读平台

家长可以借助儿童有声读物 APP、电子图书馆等线上平台，丰富阅读形式。线上平台便捷，孩子能随时随地阅读，还能按需选择阅读模式，不认识的字也有语音讲解。

话术示例

“宝贝，这个有声读物 APP 有很多好听的故事，睡前听，就像妈妈讲故事，还有定时关闭功能，听完能安心睡。”

“妈妈注册了电子图书馆账号，里面有很多经典儿童文学，你可以在平板随时读，还能做读书笔记，记录阅读感悟。”

4. 家庭阅读角

家长可以在家打造专属阅读角，摆放孩子喜欢的书，营造舒适氛围。阅读角可布置绿植，摆放孩子的阅读成果，让孩子更专注享受阅读。

话术示例

“宝贝，把这个角落布置成阅读角，放你喜欢的书架，摆上看过和没看的书，以后这就是你的阅读小天地！再贴些卡通贴纸，更温馨。”

“看，妈妈给阅读角铺了软地毯，放了可爱抱枕，你能舒舒服服看书。旁边再放上小台灯，可以保护眼睛。”

5. 交换阅读

家长要鼓励孩子和同学、朋友交换书籍，拓宽阅读范围，培养社交和分享意识，还能通过讨论加深对书籍的理解。

话术示例

“宝贝，把喜欢的书带去学校和好朋友交换，能读到更多不同的书，还能分享喜欢这本书的原因，听听朋友想法。”

“周末你可以邀请小朋友来家里，大家带上书开一个图书交换会，肯定有趣！交换完还能交流读书心得，说不定能发现新的阅读乐趣。”

带领孩子走出去，参加实践活动

在孩子的成长旅程中，书本知识固然重要，但实践活动同样不可或缺。实践活动是孩子接触真实世界的一扇窗，能让他们在亲身体验中拓宽视野、增长见识、锻炼能力。与单纯的课堂学习不同，实践活动为孩子提供了一个将所学知识运用到实际生活中的机会，帮助他们更好地理解世界的运行规律，培养解决问题的能力和创新思维。

孩子在实践活动中，还能锻炼社交能力，学会与不同的人沟通协作，增强自信心和责任感。无论是参与社区服务、科学实验，还是参观博物馆、户外探险，每一次实践活动都是一次成长的契机，能让孩子在探索和尝试中，发现自己的兴趣和潜力，为未来的发展积累宝贵的经验。

儿子仔仔今年上四年级。仔仔是个聪明的孩子，但在学习和生活中，妈妈发现他总是有些胆小内向，不太自信。课堂上，他即使知道答案，也不敢主动举手发言；和小伙伴们一起玩耍时，他也总是跟在别人后面，很少主动提出自己的想法。

一次，社区组织青少年环保志愿者活动，主要是在小区内清理垃圾、宣传环保知识妈妈觉得这是一个很好的机会，于是和仔仔商量："宝贝，社区组织了一个环保活动，我们一起去参加好不好？可以为保护环境出一份力，还能认识很多新朋友。"仔仔一开始有些犹豫，但在妈妈的鼓励下，他还是答应了。

活动当天，仔仔穿上志愿者马甲，拿着垃圾袋和夹子，认真地清理小区里的垃圾。一开始，他还有些放不开，但看到其他小朋友都积极地参与，他也渐渐投入其中。在宣传环保知识时，他一开始不敢主动和路人交流，妈妈在旁边轻声鼓励他："宝贝，你可以的，把你知道的环保小知识告诉叔叔阿姨，他们会很喜欢听的。"慢慢地，仔仔鼓起勇气，向一位路过的阿姨介绍垃圾分类的重要性，阿姨听完后，还夸奖他讲得好，仔仔的脸上露出了自信的笑容。

活动结束后，仔仔兴奋地对我说："妈妈，今天我好开心，原来帮助别人、为保护环境做贡献这么有意义。而且我还和好多小朋友一起合作，认识了几个新朋友。"看到仔仔的变化，妈妈知道这次实践活动的效果超出了妈妈的预期。

行动起来

1. 关注活动信息

为了多让孩子参加实践活动，家长要养成定期浏览社区公告栏、学校官网、公益组织公众号等平台的习惯，不要错过任何适合孩子的活动信息。收集信息后，家长可以结合孩子的兴趣爱好、年龄特点和能力水平进行筛选。比如孩子喜欢手工，就重点关注各类手工制作、模型搭建活动。孩子处于好奇心旺盛的低龄阶段，家长可以选择一些简单易懂、趣味性强的科普体验活动。

话术示例

“宝贝，妈妈看到学校下周有一个科技小制作活动，你不是喜欢动手做东西吗？我们一起报名参加吧，说不定能做出很厉害的作品呢！”

“社区周末组织亲子运动会，有很多有趣的项目，既能锻炼身体，又能和其他家庭一起玩，我们去报名好不好？”

2. 激发孩子兴趣

在向孩子介绍活动时，家长要运用生动形象的语言描绘活动场景和有趣环节。比如介绍户外探险活动，家长可以详细描述可能遇到的奇特植物、可爱小动物，以及寻找宝藏的刺激过程；介绍绘画写生活动，家长可以提及公园里美丽的花朵、清澈的湖水，让孩子仿佛身临其境，激发他们对活动的向往。

话术示例

“宝贝，这次的户外探险活动可有意思啦！我们可以去森林里寻找宝藏，认识各种植物和小动物，你想不想去？”

“宝贝，周末有一个绘画写生活动，在美丽的公园里，你可以把看到的美景都画下来,还能和其他小画家一起交流，是不是很有趣？”

3. 给予鼓励支持

当孩子对活动有所顾虑，如担心自己做不好或害怕陌生环境时，家长先共情孩子的感受，理解他们的担忧，然后分享自己或他人克服类似困难的经历，如“妈妈小时候也害怕在陌生人面前表演节目，但鼓起勇气尝试后，发现并没有那么难，还收获了很多快乐”，增强孩子的信心。

话术示例

“宝贝，你担心在活动中做不好没关系，每个人都是从不会到会的，只要你勇敢尝试，肯定能做得很棒，妈妈相信你！”

“你害怕在大家面前发言，这很正常。但是这个活动就是一个锻炼的好机会，你可以先小声说，慢慢就会越来越自信啦，妈妈会一直在旁边陪着你。”

4. 共同参与活动

在活动中，家长积极与孩子互动，根据活动内容给予适当指导。

比如亲子陶艺制作，家长和孩子一起揉泥、塑形，分享自己的创意，同时鼓励孩子发挥想象；参加图书义卖活动，和孩子一起整理书籍、向他人介绍书籍内容，让孩子感受到亲子合作的力量，增进亲子关系。

话术示例

“宝贝，这次的亲子陶艺制作活动，妈妈和你一起参加，我们可以一起发挥创意，做出独一无二的陶艺作品。”

“周末我们一起去参加图书义卖活动，把我们看过的好书分享给更多的人，还能帮助有需要的小朋友，我们一起加油！”

5. 总结活动收获

活动结束后，选择一个轻松的氛围，如回家路上或晚餐时，和孩子一起回顾活动过程。先让孩子分享自己的感受和收获，如“我今天帮助了一位老奶奶，她很开心，我也觉得很有成就感”，然后家长肯定孩子的努力和成长，再一起分析不足，如“我们在介绍书籍时，有些紧张，下次可以准备得更充分些”，鼓励孩子下次做得更好。

话术示例

“宝贝，今天的志愿者活动你表现得很棒，不仅帮助了别人，自己也学到了很多。你觉得在活动中最大的收获是什么呢？”

“这次的科学实验活动很有趣，虽然有些地方我们没做好，但没关系，我们一起找找原因，下次肯定能做得更完美，你说呢？”

跟孩子一起甄选在线学习资源

在数字化时代，在线学习资源如同一座蕴藏丰富知识的宝库，为孩子的学习打开了全新的大门。从海量的课程视频、电子书籍，到互动式的学习软件、在线学习社区，这些资源打破了时间和空间的限制，让孩子能随时随地获取知识，拓宽学习渠道。然而，面对鱼龙混杂的在线学习资源，若不加甄别地使用，不仅可能浪费孩子的时间，还可能影响学习效果。因此，和孩子一起精心甄选优质的在线学习资源，成了家长的重要任务。

与孩子共同甄选在线学习资源，不仅能确保资源的质量和适用性，还能增进亲子间的沟通与合作，让孩子在这个过程中学会自主选择，培养批判性思维和信息筛选能力。

女儿彤彤刚上小学五年级，随着学习难度的增加，妈妈发现仅靠学校的学习内容，已经不能完全满足彤彤的求知欲。再加上线上学习的便捷性，妈妈决定和彤彤一起寻找一些优质的在线学习资源。

一开始，妈妈在网上随意搜索了一些学习网站，给彤彤推荐了几个数学课程视频。可彤彤看了没一会儿，就皱着眉头说："妈妈，这个老师讲得好枯燥，我都快听睡着了，而且这些题目我感觉好难，都不太懂。"妈妈意识到自己没有充分考虑彤彤的学习水平和兴趣点，只是盲目地选择。

于是，妈妈坐下来和彤彤认真地聊了聊："宝贝，你觉得自己哪门学科比较薄弱，或者你对哪方面的知识特别感兴趣呢？"彤彤想了想，说："我觉得科学课好有意思，可学校里讲的内容太少了，我还想了解更多关于宇宙、动物的知识。”

了解了彤彤的想法后，妈妈和她一起在网上搜索科学类的在线学习资源。她们发现了一个有趣的科普网站，里面有很多生动的动画视频，还有互动式的小游戏。妈妈对彤彤说：“宝贝，你看这个网站，里面的动画能把科学知识变得好有趣，还有小游戏可以玩，我们先看看这个视频怎么样？” 彤彤眼睛一亮，兴奋地说：“哇，看起来好有意思，我要看看！”

妈妈和彤彤一起看了一个关于太阳系的科普视频，视频里用可爱的卡通形象和有趣的讲解，把太阳系的知识生动地展现了出来。看完后，彤彤意犹未尽，还主动去玩了相关的小游戏。从那以后，这个科普网站成了彤彤经常光顾的学习平台，她的科学知识也增长了不少。

行动起来

1. 了解学习需求

家长可以选择一个轻松的氛围，比如在周末的午后，和孩子一起坐在沙发上，进行一次深入的交谈。除了询问孩子在学科学习上的困难，还可以聊聊孩子在课堂外对什么领域感兴趣，比如天文、地理等。再展望未来，家长就可以问问孩子长大后想从事什么职业，以此规划学习目标。比如孩子想成为医生，家长就可以针对性地找生物、化学相关的学习资源。

话术示例

“宝贝，你觉得语文、数学、英语这几门课，哪门你觉得有点吃力，我们一起找些在线资源帮你提升。”

“你平时对什么最感兴趣呀？是历史故事、科学实验，还是绘画手工？我们根据你的兴趣找在线学习资源。”

2. 评估资源质量

家长要陪孩子一起观看课程视频，逐字逐句分析知识点讲解是否准确，观察老师的教学方法是否符合孩子的理解习惯，是生动有趣的案例教学，还是传统的理论灌输。对于学习软件，观察界面设计是否友好，内容呈现是否能吸引孩子注意力，从多维度判断资源质量。

话术示例

“宝贝，我们看看这个课程视频，老师讲的知识有没有错误，讲得是不是清楚明白，这样才能学到正确的东西。”

“这个学习软件里的内容是不是很有趣，能让你有兴趣学下去？要是太枯燥，我们就再找找别的。”

3. 参考他人评价

除了在家长群询问，家长还可以积极参与家长论坛的讨论，查看教育类网站的测评文章。对于学生评价，筛选同年龄段或相似学习水平学生的反馈，了解资源在实际使用中的效果，综合各方评价，筛选出优质资源。

话术示例

“妈妈在家长群里问问其他家长，他们有没有给孩子用过好的在线学习资源，我们参考一下。”

“网上有很多学生对这些学习网站的评价，我们一起看看，了解一下大家的使用感受。”

4. 试用体验感受

在试用期间，家长可以让孩子记录使用过程中的问题和感受，比如在线课程的网速是否流畅，电子书籍的排版是否舒适。家长定期和孩子交流，根据孩子的反馈，判断资源是否满足学习需求，是否有助于提升学习效果。

话术示例

“宝贝，这个在线学习平台我们先试用一周，你看看好用不好用，要是不喜欢我们就换。”

“这几个电子书籍我们先下载下来看看，读着顺不顺畅，能不能学到东西，再决定要不要长期使用。”

5. 培养自主选择能力

在展示不同资源时，家长要详细介绍每个资源的特点和优势，让孩子在充分了解的基础上做出选择。当孩子表达意见时，认真倾听，无论孩子的选择是否合理，都给予肯定和引导，逐步培养孩子自主选择和判断的能力。

话术示例

“这两个在线课程，你更喜欢哪个呢？说说你的理由，妈妈听你的意见。”

“宝贝，你觉得这个学习软件哪里好，哪里不好？你自己来判断一下，以后你就能自己选学习资源啦。”

有能力情况下，带孩子参加比赛

在孩子的成长进程中，参加比赛是一段独特且意义非凡的经历。比赛是展示自我的舞台，能为孩子提供锻炼综合能力的契机，极大地促进他们的成长与进步。

从个人能力提升的角度看，比赛能激发孩子的潜能，让他们在备赛时不断磨砺专业技能，培养坚韧的毅力和挑战精神。在这个过程中，孩子还能学会合理规划时间、制订学习计划，提升自我管理能力。同时，比赛也是社交平台，孩子能结识志同道合的伙伴，学会沟通协作，培养团队精神。

比赛中孩子难免遭遇失败，如何面对失败是成长的重要一课。通过比赛，孩子能学会正确看待输赢，增强挫折承受能力，这对他们未来的人生影响深远。

轩轩对绘画兴趣浓厚，平时在家总拿着画笔涂涂画画。看着他的作品，妈妈觉得他在绘画上有一定天赋和潜力。

偶然在小区公告栏，妈妈看到一场儿童绘画比赛的通知，心想这是让轩轩锻炼的好机会，便和他商量："宝贝，这儿有绘画比赛，你一直爱画画，要不要试试？"轩轩既兴奋又犹豫："妈妈，我想去，可我怕画得不好。"妈妈鼓励他："没事，宝贝，参赛不是为了拿奖，是锻炼自己、展示作品，把它当成有趣的挑战。"在我的鼓励下，轩轩决定报名参赛。

备赛期间，轩轩每天花时间构思、修改作品。有时他因对细节不满意而着急，我就安慰他："别着急，慢慢来，每次修改都是进步，你看这个地方再调整下会不会更好？”妈妈还带他去美术馆参观，让他从优秀作品中汲取灵感。

比赛当天，轩轩自信满满带着作品走进赛场。虽然没获奖，但他走出赛场时笑容满面，说：“妈妈，这比赛很有意思，其他小朋友画得很棒，我学到好多。”看着轩轩的成长，妈妈知道这场比赛的意义远超比赛本身。

行动起来

1. 留意身边的比赛

家长可以留意学校、社区、线上教育平台和兴趣班发布的比赛信息，根据孩子兴趣挖掘比赛。喜欢音乐的关注歌唱、乐器演奏比赛；热爱运动的关注田径、球类比赛；也可关注小众比赛，如儿童摄影、模型搭建比赛等。

话术示例

“宝贝，绘画兴趣班公众号发了全国儿童绘画大赛，你爱画画，还想让更多人看到你的作品，机会难得，报名参加吧，和各地小朋友展示绘画技能，说不定有惊喜！”

“学校社团有青少年朗诵比赛，你朗诵很棒，读课文超有感情，参加比赛能锻炼表达能力，还能在全校师生前展示风采，试试吧？”

2. 鼓励积极参与

孩子面对比赛常因害怕失败、担心表现不好而顾虑。家长要充分肯定、鼓励孩子，回忆其成功经历，让他们相信自己，明白比赛重在参与和成长。

话术示例

“宝贝，别怕，想想上次舞蹈汇报演出，你跳得多精彩，掌声不断。这次舞蹈比赛大胆参加，不管结果如何，你在妈妈心里都是最棒的。而且比赛能见识更多优秀舞者，学到更多舞蹈技巧，比名次重要多了。”

“担心比赛输很正常，妈妈小时候参赛也害怕。但每次比赛都是成长机会，就像学骑自行车，开始总摔倒，后来不也骑得又快又稳？勇敢尝试，妈妈相信你，失败也是宝贵的经验。”

3. 协助赛前准备

孩子备赛时，家长要全力支持。比如书法比赛，帮孩子收集历代书法名家作品图片、教程视频；演讲比赛，找优秀演讲稿参考。还可充当陪练，模拟比赛场景，让孩子熟悉流程，锻炼心理素质。

话术示例

“宝贝，妈妈在网上找了些书法比赛优秀作品，看看人家布局、用笔，学习技巧。这书法家的字笔画刚劲、结构匀称，我们借鉴下，你肯定能写得更好。妈妈还找了书法教学视频，我们一起研究。”

“妈妈陪你练演讲，我当观众，你把我当评委。演讲声音要洪亮、表情要自然，有问题和妈妈说，一起解决。比如肢体行为再大方点，语气再激昂些，更能吸引听众。”

4. 引导正确看待结果

比赛结束，无论结果如何，家长都要引导孩子正确看待。获奖了提醒孩子别骄傲，鼓励孩子继续努力；没获奖就安慰孩子，让他们明白过程中的收获才是关键。

话术示例

“宝贝，这次没获奖没关系，备赛学到的东西才最宝贵。为画好画，你尝试了新技巧，学会了从不同角度观察事物，这些收获比奖杯更有价值。总结经验，下次肯定更好。”

“这次比赛你认识了新朋友，学到了新的知识和技能，这比拿奖更有意义，对吧？和优秀选手交流，了解他们的学习方法，这就是最大的收获。以后还有很多比赛，我们要带着这些收获继续前行。”

5．总结比赛收获

家长要和孩子一起回顾比赛过程，从赛前准备、比赛表现到赛后感受，全方位总结，如让孩子用写日记、画思维导图等方式记录，方便日后回顾。

话术示例

“宝贝，聊聊这次比赛，你觉得哪些方面表现好，比如备赛时很有毅力，每天都坚持练习；哪些地方要改进，比如比赛时是不是紧张影响了发挥？记下来，下次比赛更有把握。”

“这次比赛最大收获是什么？是学会了新技能，还是交到了好朋友？记下来，以后参赛更有经验。比如这次发现时间安排不合理，下次提前规划，就能更好发挥实力。”

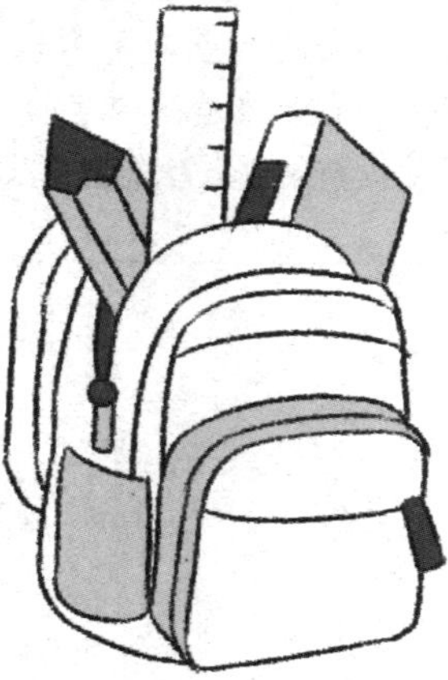